有效陪伴

The Art of Companionship

优秀的孩子是陪出来的

林云 ● 著

四川文艺出版社

图书在版编目（CIP）数据

有效陪伴：优秀的孩子是陪出来的/林云著. --
成都：四川文艺出版社，2023.9
ISBN 978-7-5411-6712-6

Ⅰ. ①有… Ⅱ. ①林… Ⅲ. ①家庭教育 Ⅳ. ①G78

中国国家版本馆CIP数据核字(2023)第124838号

YOUXIAO PEIBAN：YOUXIU DE HAIZI SHI PEI CHULAI DE

有效陪伴：优秀的孩子是陪出来的

林云 著

出 品 人	谭清洁
合作出品	三得文化
出版统筹	许 许
策划编辑	孙晓萍
责任编辑	路 嵩
封面设计	车 球
内文设计	鼎道传媒
责任校对	段 敏
责任印制	董志强

出版发行	四川文艺出版社（成都市锦江区三色路238号）
网　　址	www.scwys.com
电　　话	137 0127 5261

印　　刷	运河（唐山）印务有限公司		
成品尺寸	145mm×210mm	开　本	32开
印　　张	7.25	字　数	140千
版　　次	2023年9月第一版	印　次	2023年9月第一次印刷
书　　号	ISBN 978-7-5411-6712-6		
定　　价	48.00元		

育儿总是面临很多问题。为什么我们一边解决问题，问题却不断滋生？问题的根源到底是什么？为什么孩子会产生各种问题？其实根本原因在于孩子的需求未得到满足："我缺爱"，"我感觉不到自己的重要性"，"我需要陪伴"，"我需要尊重"。

个体心理学派创始人阿尔弗雷德·阿德勒说："我们每个人终其一生都在追求价值感与归属感。"

孩子的问题根源于他们的需求未得到满足，于是他们的行为开始外放，试图通过一些过度行为引起父母的关注，获得父母的爱与陪伴。孩子叛逆，孩子对父母不理不睬，这些行为的根源都在于他们的需求没有得到父母的满足。

人是感性的动物，混沌大学创办人李善友说："在 90%—99%的时间里，我们使用的都是感性思维，这是一种你不学就会的思维，是一种内置到我们大脑基因里的思维。"我们 90%—99% 的时间都是感性的，而理性只占有少数时间。当人的情绪没有得到安抚的时候，他们是很难启动理性思维的，也就很难理性地思考与判断。

孩子也是一样。因此父母对孩子讲道理、提建议，在孩子情绪还未得到平复的时候，是没有任何用处的，他们很难听进父母的话。

卡耐基在《人性的弱点》一书中说道："他人不在乎你知道多少，而在乎你有多在乎他们。"我们的时间花在哪里，哪里就会开花结果。我们把时间花在陪伴孩子上，孩子软化了，我们则与孩子之间启动了一个愿意听、一个愿意说的状态。

当孩子真正愿意认同我们、认可我们，我们就可以为孩子注入各种各样的价值观与世界观，最终孩子形成自己的一套做事原则，成为相对独立的成熟个体。

很多父母认为陪伴孩子仅仅是陪着而已，于是花了很多时间、很多精力，却收效甚微，甚至与孩子的关系渐行渐远。

为什么会出现这样的现象呢？其实根本原因在于我们对陪伴存在着误解，甚至是无效陪伴。陪伴孩子需要深入他们的需求点，做到真正意义上的有效陪伴，孩子才会愿意软化、愿意改变。

当孩子习惯被父母陪伴，当孩子愿意跟在父母身边，那么父母对孩子的影响就是潜移默化的，我们可以随时随地为孩子植入各种概念与认知，这正是让孩子真正发生改变的有效陪伴。

那么，怎样做到有效陪伴呢？这正是本书将为您解答的。

Contents **目录**

1

第一章

▲

怎样陪伴孩子，
才是有效陪伴

我们认为的陪伴

陪伴是一个浅显易懂的词，然而我们真的会陪伴吗？这就很难说。更多时候，父母认为的陪伴并不是孩子想要的陪伴。

有一天，爱默生与他的儿子准备将自家的一头小牛赶进牛棚去。爱默生与儿子商议后决定，爱默生在后头推，而他的儿子则站在牛的前头往前拉。然而，他们的努力并没有奏效，那头小牛顽固地停在原地，支着四条腿，一动不动。

爱默生家的女仆看到这一幕后，愣住了。虽然她没有文化，但她深知牛的习性。于是她快步走到小牛的面前，伸出自己的一根拇指放入小牛的口中，随后，她牵引着小牛，小牛也乖乖地跟着她走进了牛棚。

爱默生与他的儿子都犯了普通人会犯的错误，那就是他们只想达成自己的目的，却并不考虑小牛的需求。同样，这也是很多父母容易犯的一个错误，只考虑自己的目的而忽视孩子真正想要什么。

有一次，闺密丹找到我。见她眉头紧锁，我询问她最近是否有什么烦心的事。

我话音未落，闺密丹便将心中的苦闷一股脑儿倾倒而出："唉，都不知道该拿我家的孩子怎么办了，我放下一切陪着他，他不知道感恩，反而越来越烦我。"

你是否也同样有这样的烦恼呢？有的时候，我们想要陪伴孩子，促进亲子关系，结果却适得其反。

其实，这与我们陪伴孩子时的心态有很大关系。如果我们在陪伴孩子时心态不对，就很难做到有效陪伴。

很多父母也会告诉我说："我陪孩子了啊，可是我们都越来越烦躁。他烦我也烦。"为什么会出现这种现象呢？这是因为父母在陪伴时陷入了以下状态：

- 事情还没做完，静不下心来，烦躁
- 生活压力大，焦虑
- 把孩子当成包袱

经典力学中有条定律："作用力与反作用力大小相等，方向相反。"

有时候，我们抱怨孩子的态度太冷漠，殊不知，孩子是父母的一面镜子，再遇到类似情况，我们不如问问自己：想让孩子爱你，你先爱他了吗？你是否愿意花时间陪伴孩子呢？力的作用是相互的，因为你愿意陪伴我，所以我也愿意听你的。同样，爱的作用也是相互的，你愿意爱我，我也愿意爱你。

有一次，孩子无理取闹，我当时很累，身体也很不舒服。于是，我烦躁地对孩子说："你为什么总是这样折磨我？回你奶奶家去，我不要再带你了。"

儿子听完后很生气，他对我说："我要回奶奶家，我也再不想要妈妈了！"

在很多父母看来，孩子总是在折磨自己，当孩子给我们带来麻烦时，我们迫不及待地想要摆脱孩子。实际上，孩子是很敏感的，他们拥有细腻的情感，能够明显感觉到父母的态度。此时，他们就会觉得自己是父母的累赘，渐渐地变得情感淡漠，甚至有些孩子会选择极端的做法，离家出走。

针对这种情况，父母要么静下心来陪伴，要么好好地跟孩子解释，告诉他们："宝贝，妈妈现在需要工作，等妈妈忙完了再陪你好吗？"

当我们心平气和地与孩子沟通，而不是暴躁地埋怨、抱怨孩子时，大多数情况下，孩子都会愿意配合父母，因为他们之所以愤怒、郁闷，根源在于父母在陪伴时心不在焉。我们在陪伴时对孩子所呈现的恶劣态度会让孩子感觉到不被重视。

在陪伴孩子的过程中，很多父母会觉得孩子是一个包袱，总是给自己增添麻烦。这是因为父母把陪伴当成了一项任务，于是陪伴变得枯燥无味，甚至是让人心烦的事。

作为父母，我们要如何改变自己的态度呢？如何做到心平气和、全心全意地陪伴呢？

一、爱自己

作为父母的我们，之所以无法全心全意陪伴孩子，根本原因在于我们没有爱人的能力。当我们自己没有得到爱，我们又如何给予孩子爱？当我们自己缺爱，就会将关注点都放在自己身上，我们想着如何让自己获得爱，而不是如何让孩子获得爱。

想要全心全意地陪伴孩子，我们要学会爱自己，只有自己获得了爱，我们才有能力给予孩子爱。

二、改变信念

我们需要将内心的想法转变一下，把孩子当成是自己的动力而不是包袱。有时候，切换一下思维，事情就会发生转变。

有个流传甚广的故事。一个名叫塞尔玛的美国女人跟随当兵的丈夫来到沙漠，丈夫因进行军事演习经常外出，她只能一个人孤零零地守在一个燥热难耐的铁皮屋里。当地都是印第安人与墨西哥人，只会英语的她无法与他人交流。

最初的日子里，塞尔玛倍感孤独寂寞，慢慢地，她的情绪变得烦躁低落。于是，塞尔玛给父亲写了一封信，抱怨这里的种种不如意，并表示想要尽早离开这个鬼地方。

没过多久，父亲写来了回信。回信里只有两行字："两个人同时从牢房的铁窗往外望去，一个人看到泥土，而另一个人却看到了繁星。"

父亲的话让塞尔玛一改往日的消沉，她开始尝试学习当地人的语言，并对当地的陶土和纺织品产生了极大的兴趣。

塞尔玛还饶有兴致地研究当地的仙人掌等植物，渐渐地融入了当地人的生活。她还开始写作。两年后，她的著作《快乐的城堡》出版了。

很多时候，感觉快乐与否完全在于你的心态，在于思考问题的角度。如果把孩子看成包袱，那么对于你和孩子来说，每一秒的陪伴都会很难熬；如果把孩子看成前进的动力，那么每一秒的陪伴都会很快乐。

切换人生的视角，你的境遇就会发生翻天覆地的变化。

三、及时反省

更多时候，我们在陪伴孩子时，陷入了陪伴的误区；当我们陷入这些误区时，我们是没办法好好陪伴孩子的。这就需要我们及时反省，让陪伴变得更有意义。

陪伴的核心是爱的互动

真正的陪伴是亲子之间的互动，是双方爱意的流动；真正的陪伴能够为孩子储蓄能量，成为孩子未来生活的底气。

真正的陪伴为孩子传递正向的能量，带来的积极结果有：孩子愿意听从父母的意见；愿意与父母像朋友一样和谐相处，交心、亲昵。

初中时期，表哥被姑姑送到外地一所著名的中学读书。一年后，表哥的成绩不升反降，原来经常有朋友找他出去玩乐。后来，姑姑实在没有办法，就把表哥托付给了爷爷。爷爷和表哥住在一起，经常和表哥谈心，希望表哥迷途知返。爷爷怕他学坏，还每天跟在他后面，甚至在表哥出门打游戏时，爷爷也寸步不离。在这种陪伴下，表哥发生了很人的转变。慢慢地，他不再逃学并开始乖乖念书。

这就是陪伴的力量。你愿意陪着孩子，愿意花时间在孩子身上，孩子自然而然愿意听你的。陪伴是亲子关系的基础，缺少陪伴的孩子是很难采纳家长的意见的。

如今，生活压力大，很多家庭父母都是双职工，所以孩子被扔给爷爷奶奶、姥姥姥爷带。虽然父母减轻了育儿压力，但从另一方面来说，也失去了与孩子之间的亲昵感。慢慢地，孩子也失去了对父母独有的依赖感，孩子与父母之间的关系渐行渐远，甚至还会对父母产生怨恨。

那么，作为父母，想要改变孩子，应该如何陪伴在他们身边呢？

一、无条件地爱孩子

为什么有的孩子感受不到来自父母的爱呢？这是因为在爱里掺杂着控制与条件，这时候，爱就变得不再纯粹了。因为这样的爱让人窒息，让人恐惧，让人一直活在不安全感里，让孩子失去了创造的勇气与能量。

二、放下电子产品

《人脉资本》一书中说道，人与人之间的交往是暖接触，而基于电子产品的交往则是冷接触。在陪伴孩子的过程中，我们需要放下手机，专心致志地陪伴孩子，把我们的心从电子产品上转移到孩子身上，与孩子进行暖接触，这是改善与孩子关系的关键一环。

孩子对于与父母的精心陪伴、互动，有着天然的依恋感，他们更希望父母能够全心全意地陪伴自己，没有任何事、任何人的打扰。

三、创造亲子互动的时机

陪伴并不只是陪着而已，更多时候，陪伴是一种互动，是陪伴双方爱意的一种流动。

2010 年，一份《玩耍对孩子成长重要性》在世博会瑞典馆发布，该调查通过网络在全球 25 个国家完成了 10 000 份问卷，其中针对中国家庭的调查结果显示：七成中国的孩童渴望能和父母一起玩耍。

在陪伴孩子时，我们可以与孩子玩一些他们喜欢的游戏。比如，创造一个亲子互动空间，让孩子参与到父母的生活中来，也让父母参与到孩子的生活中去。

爱是一个动词，当你动起来的时候，当你与孩子互动的时候，双方的爱意才会流动。

陪伴的四种形式误区

陪伴容易陷入的误区不外乎以下四种：

- 看管式
- 无边界式
- 交易式
- 身在曹营心在汉式

我们在接下来的内容中，会重点讲述以上四种误区。

看管式

无边界式

交易式

身在曹营心在汉式

误区一：看管式

看管式陪伴有两种，一种是将陪伴当成任务，总是应付式地陪伴，为了陪而陪，与孩子共同度过那段难熬的"看管"时光，结果孩子、父母都感觉非常煎熬。

另外一种是只管身体不顾心理。我刚生下孩子那会儿，婆婆经常对我说的一句话就是："你尽管去上班，孩子就交给我来带，反正我能把他喂饱了，有苗不愁长。"后来我却发现，那段日子孩子的脸上笑容少了，也变得很怕生。每次与孩子视频，他的情绪都很低落。后来，我实在不忍心，就辞掉了工作开始挑战全职带孩子，业余工作。

养育孩子不仅仅是看管，它不是一项任务，也不是把孩子喂饱就可以了。更多时候，孩子需要的是与父母之间的互动，建立与父母之间的亲昵感，这是孩子安全感的基础，也是他们面对未来生活的底气。

误区二：无边界式

小童总想占用妈妈所有的时间，像个小袋鼠一样藏在妈妈的怀里。但是妈妈还要上班，没办法全天候地陪伴他。为了陪伴小童，有的时候，他的妈妈不得不请假在家，甚至连吃饭、洗澡的时间都没有。

有时候，我们认为放下一切、全天候的陪伴就是真正的陪伴，然而这样的陪伴不一定合理。首先，大多数父母都需要工作，没办法一直陪着孩子；其次，全天候的陪伴很容易毁掉孩子的边界意识感。

我开设读书会有整整三年的时间了，在这三年的时间里，我见过形形色色的人，这些人大致可以分成两种：一种是拥有独立思考能力的人；一种则是拥有糨糊思维的人。

这两种人的区别是，前者在与人相处时有自己的原则，做起事情来也很有自己的规则边界，不容易被别人的思维、行为所影响，他们是自由的；后者的价值感很低，他们分不清与人交往时的边界，更多时候，他们都在扮演老好人的角色。

拥有糨糊思维的人一辈子都活在别人的情感绑架里，做自己不愿意做的事。这就是由于父母从小没有给他们树立边界意识，对孩子予取予求的结果。

很多时候，父母要为孩子树立边界意识，而陪伴孩子则是树立边界意识的第一步。当孩子向父母提出要求时，恰当地拒绝是在教会孩子与人相处时的边界，让孩子知道在对方忙时，他们不便打扰。只有在对方空下来的时候，在父母空下来的时候，才是真正陪伴他们的时候，才是属于他们的时间。

误区三：交易式

瑶瑶小的时候，父母就出国赚钱了。父母常年在国外奔波，很少陪伴女儿，出于疼爱与愧疚之情，他们对瑶瑶表达爱的方式就是经常给她买各种各样的奢侈品，比如各类名牌服饰等，应有尽有。

于是，长大后的瑶瑶对于奢侈品的追求也开始变得盲目。因为儿时的成长经历，长大后的瑶瑶觉得奢侈品就等同于父母的爱，对各式各样的奢侈品情有独钟。

这就是交易式陪伴带来的影响。用钱陪伴，最终只会让孩子过度追求外在的满足感。

很多父母的陪伴都是交易式的，因为他们没有时间陪伴孩子，就会与孩子讲条件，用钱或者是用各种礼物来收买孩子，这是他们认为最简便、快速的方式。

刚开始，父母与孩子谈条件是很有效果的。短期内，孩子会因为条件而驱使自己满足父母的要求。然而长此以往，若再想驱使孩子，就要用更大的交易条件，孩子才会有足够的兴趣与父母进行交易。最终，孩子也就学会了与父母谈条件。久而久之，孩子会把条件当成爱。

朋友家的小易也出现了与父母讲条件的情况，有一次妈妈想让小易帮忙，于是出现了以下对话。

"宝贝，你帮妈妈去楼下买个东西好吗？"

"可以，我帮你去买东西，但是，你要答应我一个条件，否则，我才不要帮你呢！"

当时，妈妈听完小易的话都震惊了，本想让孩子帮忙买瓶酱油，结果，孩子却跟她谈起了条件。

听到朋友不可思议的咨询，我淡然地笑了。是的，孩子都是很聪明的，父母跟孩子谈条件，孩子也就自然而然地学会了。我诧异于孩子的变化，殊不知，他们的很多行为都是从父母身上学的。

这只是交易式陪伴对孩子最轻微的影响。交易式的陪伴还会让孩子的趋利性变强，让他们成为机会主义者。机会主义者很容易走入歧途。

首先，机会主义者的趋利性会让人觉得可怕，唯利是图很难得到真正的友谊；其次，机会主义者的侥幸心理会让他们不愿意付出努力，只想通过投机谋求利益；最后，在交易式陪伴里没有情感的连接，没有精神的互动，孩子很难对他人的感受感同身受，因此父母再怎么养也养不出一个感恩的孩子。

误区四：身在曹营心在汉式

身在曹营心在汉式的陪伴，指的就是父母在陪伴时心不在焉。有些父母认为，人陪着孩子就行了，自己该干吗干吗。然而，这些陪伴对孩子来说没有任何积极效果，也不是真正意义上的陪伴。

在 2020 年由《中国青年报》 "中青在线"与十点读书、儿慈会联合发布的《2020 儿童观察报告》中数据显示，家长陪伴孩子的时候并不专心。

陪伴孩子时家长的表现情况

N=1230

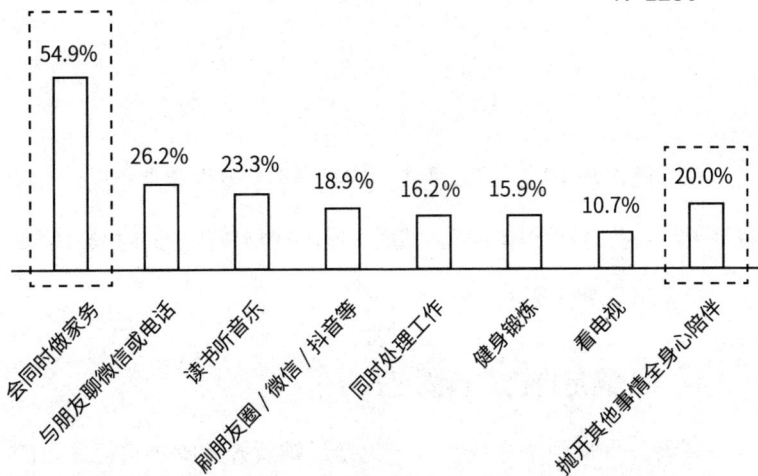

会同时做家务	与朋友聊微信或电话	读书听音乐	刷朋友圈/微信/抖音等	同时处理工作	健身锻炼	看电视	抛开其他事情全身心陪伴
54.9%	26.2%	23.3%	18.9%	16.2%	15.9%	10.7%	20.0%

有一次，我带孩子去广场玩，一对母女坐在我的身边，妈妈在刷抖音，而她的孩子则在一旁默默地玩沙子。在整个过程中，无论孩子对妈妈说什么，妈妈都不予理会。最后，孩子生气了，抛下了铲子。妈妈看到后也很愤怒，说道："我都带你出来玩了，你还想怎样？"

在妈妈看来，她已经带孩子出来玩了，孩子却依然不满足。然而，在孩子眼中，妈妈的关注点并不在自己身上，更多时候妈妈的人在，心却不在；比起自己，妈妈的手机显得格外重要。

陪伴的两个观点误区

　　每次陪伴孩子后，我发现孩子的心情都会变得非常愉悦，所以我每天都会花时间陪伴孩子。然而，我们在陪伴孩子的时候，需要注意避免两个观点误区。

一、先满足自己，再满足孩子

　　某天，丹来到茶室找我。一见面，她就开始阐述自己最近的烦恼："你上次说的陪伴方式，回家后我也实践过了，但是我发现有一个最大的难题，在陪伴的过程中，我无法放下自己。我也很想陪伴孩子，但是现实中我总是做不好。因为在陪伴过程中，我总会控制不住自己的情绪，我总是忍不住想批评他、要求他，于是每次的陪伴，我与孩子总是不欢而散。"

　　丹说完后，默默地低下了头。

　　看到丹的表情，我认真地对她说："这是因为需求没有满足导致的以自我为中心。"

很多时候我们都想要陪伴孩子，但是常常会有一种无能为力的感觉。我们想要去做，可是有时候心情很烦躁或者很累，抑或是我们自己很痛苦，这种时刻我们是没办法很好地陪伴孩子的。

当人以自我为中心的时候，是很难倾听他人的，因为这时候我们的关注点都在自己身上。我们会本能性地做出反应，而不是理性思考之后做出反应。这时，我们就会对他人有所要求，进行对比、评判、纠正、指责，讲大道理。

有一件事让我印象深刻。我有一个非常要好的朋友晶，她也是一个非常睿智的人，平时我很重视她给我的建议。然而就在昨天，在我心情非常低落时，我找到了她，向她倾诉了我的所有苦恼。当时她听完我的话后对我说："这说明，你没做好时间管理。"

当时我非常难过，我很想告诉她，我要的是你的关心，而不是你的评判！我希望她能够耐心地倾听我的话，认真体会我的感受，给我一点精神上的慰藉。然而，朋友的关注点放在了事情的对错上，这让我觉得非常受伤。

在这件事情上，我思考了良久。后来，我从别的朋友口中听到了晶最近的遭遇，于是我豁然开朗了。她因为自身需求不被满足，所以很容易陷入对他人的道德评判中，也很容易用自我的价值观来评判他人的对错，而这源于她对自身需求的忽略。

美国心理学博士马歇尔·卢森堡博士在《非暴力沟通》一书中

提到，社会文化背景并不鼓励我们个人表达自己内心的需要。对于妇女来说，尤其如此。长期以来，我们常常将妇女的形象与自我牺牲联系在一起。当我们把照顾他人当作自己的最高职责，我们往往就会忽视自我的需要。

每个人的需求不被满足时都是这样的，当我们的需求没有得到满足，内心就会住着一只怒吼着的、没有得到满足的狮子。我们的语气会变得很生硬，话语会变得很尖锐，然而我们自身是无法意识到的，根本没有意识到自己在说什么，我们只是为了说而说，仅此而已。

陪伴时放不下自己，是因为父母以自我为中心；而以自我为中心，是因为父母自身的需求没有得到满足；父母的需求没有得到满足，是因为父母没把自己的需要放在心上。因此，在陪伴孩子时，父母需要先把自己放在心上。然而，我们的社会文化背景并不鼓励我们专注于个人的需求。更多时候，我们更关注孩子的需求，而不是自己。当我们自身的需求无法满足时，又如何将爱倾注给孩子呢？

如果我们自身的需求没有得到满足，那么，我们自身就是制造问题的机器："我不开心，你们也别想开心；我不开心，你们又怎么能开心？"

需求没有得到满足的我们，就像一只狂躁的狮子，无法安静下来。我们无法倾听自己内心的声音，更无法倾听孩子内心的声音。

因此，想要改善与孩子之间的关系，首先需要自我满足。我们需要为自己寻找爱的来源，开心的来源，需求的来源，自我满足的来源。

同时，我们不能在一个人身上寻求满足。比如：我们需要从父母那里获得宠爱上的满足；我们需要从孩子身上获得依赖感的满足；我们需要从伴侣身上寻求陪伴上的满足；我们需要从朋友身上获得理解上的满足；我们需要从事业上寻找成就感上的满足。

这就是从不同人、不同地方寻找满足的途径。很多父母以孩子为主，喜欢从同一个人身上获得不同需求的满足，然而，这样的方式只会导致双方关系的决裂。因为，对方承载了你满满当当的需求，最后将会不堪重负。

在我的书友会进行三年的时间里，我发现，有相当一部分人是从孩子身上寻求各种满足感的：陪伴的满足、成就感的满足，甚至夫妻关系的满足。最后，孩子变得不堪重负。

我们需要从不同人身上寻求满足感，当我们自我满足时，才会变成一个完整的人。当你的各种需求得到满足，你的灵敏度就会提高，你就会更加专注于倾听自己内心的感受、自己内心的需求，那么，你也就更加能够体会到他人的感受、他人的需求。在与孩子沟通时，你就能够认真倾听孩子的内心感受，精准捕捉孩子内心的想法，与孩子进行有效的沟通。最后，你与孩子的关系更加融洽，生活才会变得更加幸福。

人们都说"己所不欲，勿施于人"，而我想说的是"己之所欲，欲施于人"。当你听到自己内心的声音，你就能听到孩子内心的声音。所以，想要做到真正的陪伴，真正爱孩子，首先，你需要把关注点放在自己身上，满足自己对爱的需求。

记住，你只能给予孩子你拥有的东西。如果你自己没有爱，没有得到满足，那么你也无法满足孩子，永远无法给予孩子你所没有的爱。

二、按父母想要的方式陪伴

最近，欣在陪伴孩子的过程中产生了问题。在我询问的过程中，她叹气地描述道："唉，最近我都在家里带孩子。"

"陪孩子有那么令你心烦吗？"看到她的样子，我忍俊不禁地说。

"是有一点。"

"遇到什么问题了？"

"我就是按你说的，回家陪他玩，每天固定时间陪伴他，也形成了习惯。然而，在陪的过程中，我却发现孩子根本不愿意配合我，他总是显得非常不耐烦，我都不知道该拿他怎么办才好。"

作为父母，你是否也遇到过同样的状况？在陪伴孩子的过程中，如果孩子是非常不耐烦的，那么就说明了一个问题——父母没有用孩子喜欢的方式来陪伴。

从前，南方有一个岛上的人非常喜欢吃蛇，因此，人们常常把腊蛇作为最贵重的礼物送给客人。

有一次，岛上有一个人到北方去旅行，临行前，他把腊蛇当成干粮放在了行李袋里。到了齐国后，那里的人很热情地款待着他。这人感受到了当地的热情，有点过意不去，于是，就把自己最喜欢的腊蛇拿出来酬谢对方。结果，却吓得对方转身就跑。这个人还不明白为什么。他以为自己送的礼物不够贵重，于是转身让仆人挑了一条更大的腊蛇送给对方。

这个故事听起来挺搞笑，但也说明了很多问题。故事里的岛上人把自己最喜欢的腊蛇送给对方，然而却没有顾虑到对方喜不喜欢。结果，吓得对方落荒而逃。

很多时候，父母总是按照自己想要的方式陪伴，而不是按照孩子想要的方式陪伴。《爱的五种语言》里写道，如果你不是按照对方想要的方式陪伴对方、爱对方，那么你就不是真正的爱对方。

如果，你的陪伴不是按照对方想要的方式陪伴，那么对方是无法感到陪伴的力量的。

有一对夫妻结婚后生活过得很不幸福，因为，他们都认为对方并不爱自己。就拿吃鱼这件事来说吧，每次吃鱼时，丈夫总会把自己最喜欢的鱼头让给妻子，而妻子呢，总喜欢把自己最喜欢吃的鱼肉让给丈夫吃。

多年后，妻子终于忍不住了，她对丈夫说："我不喜欢吃鱼头，你不要每次都把鱼头给我，我喜欢吃鱼肉。"当妻子说出这些话时，丈夫诧异极了，于是，他也开口对妻子说："我也不喜欢吃鱼肉，我喜欢吃鱼头，所以，每次我才把自己最喜欢的鱼头让给你吃。"

在十多年的时间里，妻子认为自己把最喜欢的东西让给了丈夫，而丈夫也是如此。双方都认为给了对方自己最喜欢的东西，然而，双方却从未真正享受这份爱。因为他们自己认为最喜欢的东西，却并不是对方最喜欢的。

如果，我们陪伴孩子也像这对夫妻这样，那就很可悲了。如果我们给予的陪伴方式是自己喜欢的，并不是孩子喜欢的，那么孩子是很难感受到爱意的。

在陪伴孩子的过程中，你是否意识到你认为的陪伴或许并不是孩子想要的呢？有时候孩子想自己玩一会儿，你却打破了孩子想要独处的空间，那么这就不是真正意义上的陪伴了。

与人交往的黄金法则是：用他人最喜欢的方式对待他人，而不是用你最喜欢的方式对待他人。陪伴不是逼迫，不是要你告诉孩子他们该做什么，而是应该让孩子说出自己想要什么。

我想，强迫性的陪伴是任何人都不喜欢的吧，朋友欣就犯了这样的错误。当母亲的关注点都在孩子身上时，就很难避免在陪伴时对孩子有所要求。

我问欣平常都忙什么，她说道："我是一个家庭主妇，在家每天就是忙着洗衣、做饭、带孩子，感觉也没什么可忙的，但是又感觉有忙不完的事儿。"

当一个人把关注点放在另一个人身上时，就很容易陷入对另一个人的角色认同。就比如说，当父母把关注点都放在孩子身上，那么就很容易从父母的角色里寻找满足感。最后，父母从孩子身上寻找安全感、满足感，结果害了孩子，也害了自己。

小姑是一个全职宝妈，在家照顾两个孩子。然而，随着孩子一天天长大，我发现小姑对孩子的爱有点病态。她的儿子被她喂到 200 多斤，在平地走路都会累得呼哧带喘。

然而，小姑却说："男孩子瘦了不好看，要胖胖的才好。"于是，她阻止了儿子想要减肥的决心。最后，孩子的身体出现各种状况。小姑从照顾孩子当中寻找自身的满足感和自身的价值感，最终把孩子害了还不自知。

小姑是从角色中寻找满足感，朋友欣也是一样，包括每个从孩子身上寻找满足感的妈妈都是一样，最终只会害了孩子，也害了自己。

当父母自身需求没有得到满足的时候，就会试图想通过改变他人、强迫他人来满足自身的需求。我们自己没有安全感，于是我们强追他人，试图掌控他人。父母要求孩子好好学习，往往是因为自己在学习方面不够好；父母希望孩子出人头地，往往是因为自己一事无成。

有的父母每天宅在家里，唯一能够实现自我价值的事就是带孩子、做家务，从伴侣身上、从孩子身上找满足感、安全感。

其实真正的安全感不是从外面寻找的，而是从你的内心出发。安全感从来不在别人身上，而在你自己身上。与其向外寻找，不如从内心出发，追求属于你自己的安全感。

马斯洛说："没有任何一个人是为了满足另一个人的需求而生的。因此，也没有任何一个人是为了满足另一个人对安全感而生。"

你想要什么就去追寻，不要把希望都寄托在他人身上，寄托在孩子身上。当我们把期待放在他人身上时，我们就会情感绑架他人："因为我爱你，所以你就要满足我的要求。""如果你不陪着我，你就是不爱我了。"我们会用情感绑架的方式陪伴他人，以满足自己的期待。然而，这样的方式并不是真正的爱。

真正的爱，是相互追寻梦想并相互自我实现，而不是把期待放在他人身上，通过情感绑架而满足自身的期待。

堂妹读高三的那一年，每天晚上，她都要复习到很晚。后来，她的妈妈忍不住说她了："宝贝，下次不要复习得那么晚，你早点休息，知道吗？"然而，堂妹却回复道："妈妈，你自己每天晚上都读书都读到凌晨1点多，你自己那么努力，凭什么不让我努力呢？"

感受到其中的差异性了吗？当我们把希望寄托在孩子身上，通过陪伴孩子，情感绑架孩子，对孩子有所要求，这导致我们痛苦，孩子也痛苦；当我们把希望寄托在自己身上，对孩子没有任何要求，然而因为我们对自己有所要求，孩子看到了榜样，也开始对自己有所要求。

真正的爱不是给孩子父母想要的东西，也不是逼迫孩子成为父母期待的样子，而是我们先给自己想要的东西，先成为自己想要的样子，然后，孩子也会自然而然地跟随我们的样子，成为他们自己想要的样子。

一个是向外寻找，一个是向内追溯。一个是对他人有所要求，一个是对自己有所要求。当你掉转方向，事情就发生了巨大的改变。

陪伴的普遍性与稀缺性

　　陪伴是父母与孩子关系的基础，而花时间陪伴仅仅是影响孩子的第一步。想让孩子愿意听你的，想要调动孩子的积极性，让孩子发生真正意义上的改变，那么，我们还需要协调陪伴的普遍性与稀缺性。

　　那么什么是陪伴的普遍性与稀缺性呢？

一、陪伴的普遍性

　　陪伴的普遍性就是精心的陪伴，父母需要将陪伴孩子的时间纳入人生计划之中。陪伴是最长情的告白。对于孩子来说，父母肯花时间陪伴就是最好的爱。因此，作为父母，我们需要将陪伴孩子的时间纳入我们的生活、我们的习惯当中。

　　对孩子而言，他们对父母有着最深层次的依恋感。因此，如果能够妥善地运用孩子对父母的依恋感，就能及时匡正孩子的错误思维、错误行为，对孩子而言是很有意义的。这或许有点像是对孩子进行情感绑架——在这里，情感绑架是一个褒义词，是父母为了匡正孩子的行为而进行的"情感绑架"。

可是这样做，孩子会不会因此不理解我们，或者误解我们呢？

在对孩子进行"情感绑架"的时候，我们可以问问自己——你想要真的为了孩子好，还是只是为了让孩子满足你的期待呢？

如果你是真的为了孩子好，那么就这样做吧；如果你只是为了满足自己的期待，那么就放弃吧。

当你对孩子的情感绑架是为了匡正孩子的言行，避免孩子在未来踩坑，那么，未来孩子是会感谢你而不是埋怨你。

情感绑架并不是要求孩子，而是在一定程度上引导孩子，这有着本质的区别。要求孩子是一种强迫，而情感引导是刚好孩子愿意听你的，而你适当地进行引导。

二、陪伴的稀缺性

陪伴的稀缺性就是针对每个孩子的不同需求，对孩子进行针对性的引导。在陪伴孩子的过程中，我们会发现孩子真正喜欢的是什么，他们的兴趣点是什么，他们重视的是什么……那么，这就是我们引导孩子的重点。

有一天，5岁的儿子突然对我说："妈妈，我以后不要去读书。"听完他的话我无语了。于是我想着怎样才能引导他。三天后。我家楼下来了一辆警车，看到穿着制服的警察叔叔，孩子很激动。于是我对儿子说："不读书，长大就不能当特警了。"我话音刚落，儿子满脸拒绝地说道："不要，我要当特警！"看到孩子的坚持，我笑着说："当特警的人都是能文能武的好汉，只有先把书读好，以后才有可能当特警哦。"儿子叹了口气说道："好吧，那我去好好读书吧。"

　　稀缺性就是父母对孩子的了解程度。每个孩子在意的点都是不一样的，父母要明白孩子真正想要的是什么，并引导孩子去达成他们的目标，那么就能调动孩子的内驱力，让孩子自动自发地完成他们自己的梦想。

陪伴的力量与技巧

前一段时间，小张的儿子沉迷上了游戏。后来，我与小张儿子交谈之后了解到，他喜欢自己登上游戏排行榜的感觉。那种经过努力在榜单上的排名让他很有成就感。原来，这就是他陷入游戏无法自拔的原因。

游戏，仅仅是一种娱乐方式而已，它只是我们生活中的调味剂，然而大多数孩子甚至成年人都容易沉迷其中无法自拔。这是因为大脑可以通过多巴胺分泌让人产生愉悦感，从而刺激自身行为的持续性，这也被称为上瘾回路。

他们或者觉得生活很无聊，需要从游戏中寻找快感；或者是最深层次的需求没有得到满足，无法从生活中寻找成就感，于是导致了他们的成瘾性行为。

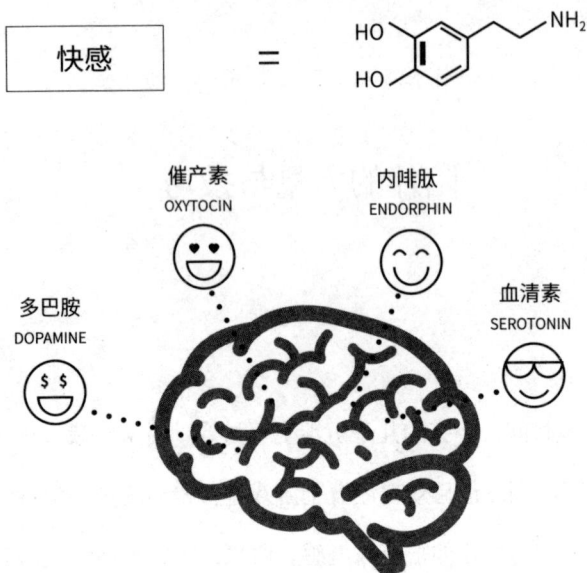

人之所以对事物有成瘾性的行为，无非是因为需求没有得到满足；而孩子的需求无非这几种：爱，成就感，归属感。当孩子在现实生活中无法得到满足，那么，他们就会倾向于向外寻找。

最近，朋友小张对我说，她家儿子发生了翻天覆地的变化，这些变化让她真的很惊喜。

她缓了缓继续道："我真没有想到孩子会有这么大的变化。刚开始，他是那样叛逆，总是跟我拧着来，我都觉得这个孩子已经没救了。可是，没想到你的办法让孩子发生了翻天覆地的变化，真是太感谢你了。"

在与小张碰面的时候，小张欣喜地告诉我他家儿子的变化，而这正是她利用陪伴的技巧带来的积极结果。

陪伴是需要技巧的。父母在陪伴时要兼顾孩子陪伴的普遍性和稀缺性。当你掌握陪伴的技巧时，就能跟孩子像朋友一样和谐共处，游刃有余地处理孩子的各种问题了。

在陪伴孩子的过程中，真正的陪伴并不是一帆风顺的，我们也会经历很多难熬的阶段。比如，我们想要真正静下心来陪伴孩子，刚开始时是非常不容易的。因为，我们的陪伴方式是从父母那里继承来的。想要真正陪伴孩子，我们就需要放弃原有的陪伴方式，培养新的陪伴技巧，训练新的陪伴方式。

放弃原有的陪伴方式是很困难的，就像平常你经常用右手吃饭，而现在你要改用左手吃饭一样，这是一个让人不适应的过程。

在训练新的陪伴方式的过程中，父母与孩子都需要不断适应，彼此之间不断磨合，最终磨合出一种最适合双方的陪伴方式。

在新的陪伴方式影响下，孩子开始从陪伴中获取能量，获得来自父母的爱的能量。陪伴让孩子充满了能量，让孩子知道父母有多在乎他们，于是，孩子自然而然地愿意开始听从父母的建议，也自然而然地发生了转变。

于是，一种新的模式开启了，这是一种"一个人愿意说，一个人愿意听"的模式，而这种模式无论对父母还是对孩子来说都将受益匪浅。因为，这时候的你们开始沟通了，你们开始不断地交换各自内心真正的想法，于是，你们的关系也慢慢拉近。

在这个阶段，你们开始明白各自想要的是什么，各自最在意的是什么。于是，当孩子的思维、行为出现偏差时，父母就可以用孩子最想要的方式进行引导。

这就是真正的陪伴，这样的陪伴能让孩子能量爆棚，让他们拥有移山倒海的勇气。在这个过程中，有三点需要注意。

一、你要愿意花时间

小张将陪伴孩子的过程这样描述道："刚开始，我的儿子根本不愿意听我的。后来，每周我都会花一个晚上的时间与他在一起，无论做什么，那是我专门抽出陪伴他的时间。慢慢地，经过一年的努力，孩子的态度软化了。跟我讲话时，不再那么冲了，也愿意听从我的建议。"小张说完后，眉眼充满了愉悦。因为，在她的陪伴下，孩子发生了转变。

在陪伴孩子的过程中，首先父母要愿意花时间，这样孩子才能感受到父母的爱；而那种不情不愿的陪伴，只会成为激发亲子关系矛盾的一个导火索。

二、固定时间陪伴

陪伴孩子的时间不能一直更换，不停地换时间只会让孩子觉得很烦躁。在孩子小的时候，他们对安全感有着一定的渴求，固定的时间、固定的方式能够在心理上给予孩子一定的安全感。试想一下，你是更愿意与熟人在一起，还是愿意与陌生人在一起？道理是一样的，我们都在寻求安全感。所以，固定的时间，放下一切陪伴孩子是非常有必要的。

三、不提要求

在陪伴孩子的过程中，父母千万不要对孩子提出要求，千万不能说"因为今天陪你出来玩了，所以你要听我的"，"因为今天陪你出来玩了，所以回家你要好好完成作业"……孩子都是很聪明的，一旦你对他们的陪伴有所要求，那么，你的全部努力就都白费了。

陪伴不仅仅是陪着而已，要放下内心的焦虑，全心全意地陪伴孩子，与孩子互动，增加孩子与父母之间的情感互通。陪伴从来都是一场情感连接，而不是父母与孩子之间的一场交易。

当你真正掌握了陪伴的三个要点时，你就能够发现孩子有明显的改变。

陪伴的影响力来源于家长的领导力

　　表妹时常对我控诉妈妈催婚给她带来的痛苦，她的妈妈，也就是我小姨，经常会因为婚姻问题与她意见不合而争吵，每次都重复着一句话："我是你妈，你必须听我的。"小姨的强势让表妹痛苦不堪，为了摆脱小姨的掌控，表妹甚至连家都不敢回。

　　这就是家庭教育中处于最低层次的领导力：地位。很多父母都处于领导力的最底层，总喜欢强调父母自身地位的重要性。"因为我是你妈，所以你必须听我的"，处在这一层级领导力的父母，对自身地位格外看重，把地位作为要挟孩子的筹码。父母的头衔对孩子产生了一定的威慑力，于是孩子不得已只能服从，并不是基于他们内心对父母的认同感。

　　大多数的孩子为了不让父母失望，选择暂时性的妥协，做自己不愿意做的事。然而这种领导力带来的后果是，孩子们会在父母的面前做到绝对性的服从，背地里却很可能会把父母不允许的事全做了。

这种最低级别的教育方式，真的可以改变孩子吗？在威斯敏斯特教堂地下室墓碑上写着这样一段话：

年轻时，我的梦想是能够改变世界。

成熟时，我发现我并不能改变世界。

于是，我将我的目光缩短了，准备改变我的国家。进入暮年后，我发现我不能改变我的国家，于是，我将希望放在了我的家庭。

当我行将就木时，我却突然意识到，

如果，从一开始我就改变自己，

那么，我就有可能改变我的家庭。在家庭的鼓励下，我有可能改变我的国家。最后，谁又知道呢？甚至，我能改变这个世界。

当生活不如意时，正常人的第一反应是改变世界、改变环境、改变他人。然后，当我们无法改变他人时，当我们退而求其次时，当我们行将就木时，我们会发现能改变的只有自己。

父母的领导力分为五个层级：

追随你是因为你是谁
以及你所代表的东西

追随你是因为
地位让孩子非听不可

追随你是因为
你对孩子所付出的

地位　巅峰　立人

认同　生产

追随你是因为
孩子愿意听从你的

追随你是因为
你对孩子做出贡献

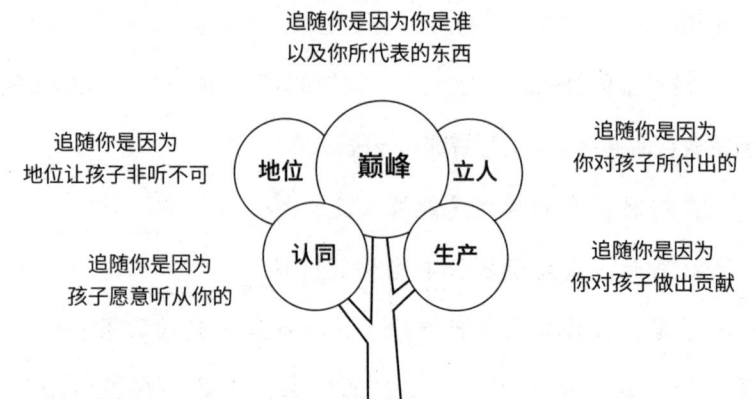

地位：追随你是因为地位让孩子非听不可

认同：追随你是因为孩子愿意听从你的

生产：追随你是因为你对孩子做出贡献

立人：追随你是因为你对孩子所付出的

巅峰：追随你是因为你是谁以及你所代表的东西

大多数父母都习惯性使用领导力的第一层级，也就是使用自身的地位，强调父母地位的重要性，以此要求孩子按自己的意愿行事。然而，这样的方式并不是教育孩子的最佳方式。

家不是讲理的地方，而是讲爱的地方。真正的领导力并不是管理，而在于管好自己，这也是父母领导力的最高层次：巅峰。父母管理好自己，为孩子树立起标杆，继而影响孩子。

玲玲把自己的三个孩子都送进了斯坦福大学，当时这个事情震惊了身边的很多人。当大家纷纷议论她是怎么做到的时候，我们却忽略了玲玲自身是多么的优秀。在玲玲养育第一个儿子时，她登上了《时代杂志》的首页；而当她怀着第二个儿子的时候，收到了来自斯坦福大学的录取通知书；当她生下第三个儿子之后，所有人都认为她可以在家里相夫教子了，她却考取了斯坦福大学的博士学位。之后，玲玲先后把自己的三个孩子都送入了斯坦福大学。

玲玲的育儿成功并不是偶然的，而是必然的，因为她是如此的优秀，所以才会培养出杰出的孩子。

父母领导力的最高层次是巅峰，强调的是树立标杆的重要性。想要领导孩子，父母就需要言行一致，以身作则，绝不能随口说说而已。

有一次，与朋友一家出门玩。我们去玩了海洋球。在海洋球的池子里有很多玩具，朋友家的孩子乔治在与小朋友玩耍的过程中，总会习惯性地抢夺别人的玩具，如果人家不给他，他就会打人。于是，孩子的哭闹声、妈妈的责备声，此起彼伏。妈妈一直向乔治强调道："乔治，你不能打别人。"为了让乔治听话，妈妈在暗处不停地掐乔治的手，想要控制他："如果你打人我就打你。"

为了防止孩子打人，妈妈试图用打人的方式相要挟，这是非常错误的。美国成功学大师诺曼·文森特·皮尔说："没什么比人给出好的建议，而树立坏的榜样更让人迷惑的事了。"

朋友经常询问我应该怎么对孩子说，应该跟孩子说些什么，然而，这些都不是最重要的。我们常常过度关注于话语的重要性，却往往忽略了人际关系中，言语只是影响他人的一小部分，真正重要的是父母的行为，这才是影响孩子的关键。

《领导力21法则》中提到了一个镜像法则，说的就是行为对一个人的影响。镜像法则说：他人不会看你怎么说而是看你怎么做，你怎么做他人也会跟着怎么做。

我家楼下，总有一群孩子经常被父母逼着向保安叔叔问好。我从来不要求孩子主动问好，因为性格内向的我，无法做到主动问好。因此，我也不会逼迫孩子做我无法做到的事。当我对孩子有所要求时，我会问自己三个问题：

- 我想要孩子做什么呢？
- 我想要孩子做的事，我自己是否能做到？
- 我是否能自己做到，然后告诉孩子如何做？

　　教育孩子，就像管理一家公司，你的领导力决定了你对孩子的影响力。而你对孩子的影响力则取决于你是否能够为孩子树立起标杆，你是否言行一致，说到做到。

　　如果，我们对孩子说的话都只是说说而已，那么在孩子心目中，父母的威信就会垮塌。久而久之，父母就会失去对孩子的威信。最后，孩子对父母说的话也只是听听而已，你不当真，他也不会当真。

第二章

▲

有效陪伴，培养
孩子的自我意识

树立孩子的性意识

性启蒙对孩子来说是必不可少的，然而性教育的话题在中国却是一个非常敏感的话题。很多家长谈性色变，羞于对孩子进行解惑。即使孩子上初中，很多父母也认为对孩子进行性教育太早了。事实上，孩子的性蕾期也就是孩子的性启蒙期是在孩子的2—4岁。

当孩子进入性蕾期，有的小朋友在2岁左右开始对自己的生殖器好奇，这也是他们一种探索自我的方式。

在孩子性意识的启蒙期，他们开始区分男性和女性的区别，开始区分爸爸与妈妈的区别，开始向父母不断询问自己是从哪里来的，开始明白自己是女孩还是男孩，这些都是孩子性意识的启蒙。

在孩子性意识的启蒙期，正是父母给孩子灌输正向性意识的关键时期。如果错过了这个时期，孩子的性意识就会显得薄弱，就很容易被他人趁虚而入，甚至受到他人的侵害。

《2020年性侵儿童案例统计及儿童防性侵教育调查报告》指出，2020年全年，国内媒体公开报道的性侵儿童案件就达到了332

起，受到侵害的儿童高达 845 人，其中年龄最小的仅 1 岁。看到这篇报道时，你还会觉得性教育太早了？

有句话说得好，"你嫌性教育太早，而罪犯却不嫌弃你的孩子小"。性教育在一定程度上能够保证孩子的人身安全，让孩子减少伤害。那么，如何为孩子输入正向的性意识呢？

- 灌输概念
- 正面教育
- 危机管控

一、灌输概念

在平时的生活中，父母需要给孩子灌输各种性意识的概念。比如在孩子 3 岁的时候，我会告诉他洗澡的时候，"妈妈不能帮你洗隐私部位"，而是让他自己洗。我告诉他："你已经长大了，所以只有自己才能碰这个地方。"

当时孩子问我："那爸爸可以碰吗？"

我说："不行。"

孩子继续问道："那妈妈可以碰吗？"

我说："也不行，只有你自己才可以碰。"

我们需要明确告诉孩子自己的隐私部位是哪里，告诉孩子这些部位是别人不能触碰的。久而久之，孩子就会形成这方面的意识，保护自己的隐私不受伤害。

二、正面教育

在孩子 2—4 岁的性启蒙期，我们需要给孩子买一些这方面的相关书籍。比如预防性侵害的书籍，男女生差异的书籍，以及人如何从受精卵发育成一个完整的人……通过这方面的童书进行性启蒙教育。

在亲子共读的过程中，当我与孩子读到人是如何从受精卵变成一个婴儿的时候，与孩子之间的联系变得更加紧密起来。因为孩子明白了自己是从妈妈的肚子里生下来的，妈妈很辛苦，很期待他的来临，于是孩子就会变得更有安全感。

当与孩子读到男孩女孩之间的差异时，他觉得非常有趣，后来他明白了男女之间的不同。

很多人认为孩子的性意识是长大了就自然拥有的，然而你是否想过他的性意识是通过哪种途径获得的？是通过网络还是通过各种不良书籍？

性这个东西，如果没有正向的引导，孩子就很容易被带偏。在孩子性启蒙期，他们就像一张白纸，外界输入什么，孩子就会形成什么样的意识。因此，我们需要给孩子输入正向性教育的种子。

市面上有很多关于性教育的书籍，这类书籍一般都是以漫画形式展现，对孩子来说是相对比较有趣的，简单易懂。在这些种类繁多的书籍里，我们需要给孩子筛选出正向性教育方面的书，也是在他们的思维里种下一个正向的性意识的种子。

三、危机管控

除了给孩子种下一个正向的性意识的种子以外，在日常生活中，孩子的正向危机管控意识也需要父母帮助他们进行强化。平时，我们需要告诉孩子遇到各种危急情况或者被人伤害的时候，他们该做出什么样的反应，应该如何处理。

有一次，带儿子跟其他小朋友玩的时候，儿子被其他小朋友打了。等对方想再打儿子的时候，我把儿子抱起来了，那个孩子就再也打不到了。后来在回家的路上，我告诉孩子以后再遇到同样的情况时就跑掉，如果跑不掉就打回去，万一对方看起来打不过，那就找妈妈处理这件事。

我们要告诉孩子遇到各种情况时，他们应该如何应对、如何处理，那么孩子就不会恐惧。遇到问题时，他们就会有自己的一套处理问题的方案，久而久之就能游刃有余地处理各种问题。

在训练孩子的危机管控意识时，有的父母给孩子输入的是负面的危机管控意识，这也是错误的。比如前几天，朋友的孩子点点丢了。后来，我们在公安局找到了他。在询问孩子丢失的整个过程中，我们发现孩子非常恐惧警察，而这根源于朋友经常用警察吓唬孩子。"如果你不乖，我就让警察叔叔把你抓走。"这样造成的后果是，孩子走丢时宁愿去找陌生人，也不愿意找警察。以至于孩子被陌生人带到了警察局时，孩子还在反抗，生怕被警察叔叔抓走。

在日常生活中，我们需要为孩子输入正确的危机管控意识，让孩子游刃有余地处理生活中发生的问题。

忽视金钱意识，后果不堪设想

之前在微博看到一个孩子金钱意识不清晰的案例。一对父母辛辛苦苦地攒下 320 万元，父母本意是把这些钱作为教育资金。因此，这笔钱他们对孩子没有任何的隐瞒，甚至还告诉了孩子卡放在哪里、密码是多少。然而，孩子竟然把这 320 万元全部取走并挥霍一空，甚至还拉黑了父母的联系方式。

缺乏金钱意识的孩子，没有花钱的概念，不知道钱从哪里来的，不知道什么钱该花、什么钱不该花。所以即便给孩子再多的钱都没有任何的用处，因为他们迟早会把这些钱挥霍一空。所以，与其给孩子再多的钱，不如给孩子输入金钱的意识、金钱的概念，这才是孩子能够真正正确对待金钱的关键。

那么，如何培养孩子的金钱意识呢？

一、游戏输入金钱的初始概念

我发现很多孩子没有金钱的概念，甚至不知道买一根棒棒糖需要花多少钱。因此，在为孩子输入初始的金钱概念时，我们需要为孩子建立一个基本的价格概念。

首先，我们需要告诉孩子每个物品对应的价格范围是多少，这种输入是在为孩子的思维形成一个价格概念的基础。比如：一根棒棒糖的价格是 1 块钱，而不是 100 块钱。过年的时候，我家孩子递给爸爸 100 块钱，叫爸爸给他买一根棒棒糖，那时我就发现孩子对物品价格没有任何概念。

【小游戏】——开商店

对于物品的价格，我们可以利用开商店的游戏启发孩子。让孩子自己当老板，在经营过程中，他们将会认识每件物品对应的价格，顾客需要支付多少钱才能购买对应的商品，这也是帮助孩子建立金钱意识的重要手段。

二、钱是怎么来的？

在日常生活中，我们需要为孩子输入金钱的概念，让他们知道钱是怎么来的。父母一方面不能过度夸大赚钱的难度，另一方面也不能过度夸大赚钱的容易程度。否则，错误的金钱意识会影响孩子的一生。

当我们一直对孩子强调赚钱是很困难的，那么，孩子就会形成匮乏心态。生活中，我们总能看到那么一类人，他们非常节俭，努力赚钱、努力省钱，然而却一直无法获得满足，这就是匮乏心态造成的。

这类人就很容易像巴尔扎克笔下的老葛朗台那样非常抠门。老葛朗台从来不愿意为别人花钱，甚至连自己的女儿生病了，也不愿意付出一点钱。匮乏心态的人很难建立和谐的人际关系，他们不愿意为身边的人花钱，只在乎金钱方面的满足。

匮乏心态的人即便再富有，也不敢乱花钱，因为在他们的心里金钱就等同于安全感，他们陷入了对金钱的无限焦虑恐慌之中，无法自拔。

这就是匮乏心态对一个人的影响。如果孩子在小的时候被灌输了这样的思想，那么其未来的人生也会陷入匮乏之中，一生都会在恐惧没钱与不断追求金钱的生活中度过，痛苦不堪。

那么，告诉孩子赚钱太容易就好吗？又会对孩子造成什么样的影响呢？不可否认，有极少数人赚钱确实很容易，有一部分父母在教育孩子的过程中就容易灌输这样的想法。这样做的结果就是，孩子会陷入对钱的无限挥霍当中。

既然上述两种方式都不是很好的选择，父母应该怎么做呢？

最好的选择是告诉孩子钱到底是怎么来的。很多时候，父母自己都没有接受过正确的金钱概念输入，因此也无法告诉孩子钱是怎么来的。

其实，钱来源于能力。前些日子，我们在财商课上探讨钱是怎么来的，归纳总结道：钱等同于能力——厚德载物的能力。你有多少的"德"就能赚到多少的钱。而这里的"德"，就是一个人的品质，一个人的能力。

在爷爷的教养中，他常常告诉我说钱并不等同于工资，那么，钱等同于什么呢？钱等同于能力。钱，等同于你能为他人提供多少价值。

在为孩子输入金钱概念的时候，我们需要告诉孩子钱等同于能力，因此我们不能盲目地只是追求金钱，而应该追求提升能力。当你的能力提升了，钱自然而然就会追着你跑，否则你就只能一辈子追着钱跑。

厚德载物，你有多少价值，才能赚到多少钱。

三、区分需要与必要

父母总是会把最好的东西留给孩子。然而，当我们没有为孩子区分需要与必要的时候，就会让孩子形成索求无度的意识。那么，我们该如何教会孩子区分需要与必要呢？

前段时间，朋友告诉我说人长大之后，快乐就不再那么纯粹了，长大后的自己需要很多物质上的满足才能快乐起来。其实，人之所以不快乐，就是因为欲望过多。人生去掉一些不必要的，仅保留一些需要的、必要的，简单的需求往往才是幸福的根源。

在孩子想要得到一些东西的时候，我们需要问孩子：这是你想要的，还是必要的？

如果是想要的，那么我们就需要衡量这个东西是否对自己的生活造成很大的影响；如果买了这个东西影响了日常的开支，那么我们就可以选择不买。

父母需要告诉孩子，钱要花在刀刃上，首先是生活的必需品，其次是能力提升方面。所以，我们可以把想要的东西放一放，等到情况允许我们再选择购买。我们要理性消费，为孩子树立正确的消费观。

如果孩子对一个东西非常渴求，我们也不需要完全断绝孩子的各种欲望。毕竟有欲望是美好的，世界因为欲望而创造出各种可能性。如果孩子真的想要，我们可以用时间来考验孩子。大多数时候，孩子只是一时兴起。所以，我们可以过段时间再询问孩子对某样东西的渴求，如果经过一个月、两个月的时间，孩子还是对这样东西有所渴求，那么，我们就可以考虑满足孩子的愿望。

时间是一种考验，也是确立孩子真正需要还是想要的一个最重要的方式。那么，实现孩子想要的一个重要方式是什么呢？

前一段时间小燕告诉妈妈想要一副新的眼镜，妈妈问她是否真的想要，小燕回答是的。过了一段时间，妈妈又问女儿是否还想要新眼镜，小燕表示自己真的想要。这时，妈妈告诉小燕说："如果你真的想要，那么你就需要用劳动来获得你想要的东西。"于是妈妈给小燕提供了一份发传单的工作。整个暑假，小燕通过发传单赚取了500块钱，而这500块钱也成了小燕购买眼镜的费用。最后，小燕得到了自己想要的眼镜，因为是自己劳动所得，小燕也格外珍惜这副眼镜。

用劳动成果验证孩子最想要的东西。我们可以提供一种劳动方式，让孩子通过劳动来获取报酬，进而用得到的报酬换取自己最想得到的东西。

边界意识决定孩子的未来

与人交往时，人与人之间有一个边界。因此，教育孩子时，我们也需要为孩子输入边界意识。

陈姐今年 50 岁了，然而她却是一个边界感模糊的人。就拿被借钱这件事来说吧，她常常因为与他人关系好，就把钱借给别人，结果总是血本无归，最后陷入了巨大的财务危机中。

当被问到为什么不拒绝别人的时候，陈姐说道："因为我害怕破坏关系，我觉得拒绝很不近人情。"

这就是边界感模糊者的意识。当一个人的边界意识模糊时，很容易从关系中寻找满足感。就像陈姐一样，她无法拒绝他人的要求，所以通过讨好、顺从、取悦、服务他人的方式，得到他人情感认同上的满足。

这是低层次的满足。边界感模糊的人喜欢从他人的认可中寻找满足感，因此，也很容易被他人情感绑架，做一些自己不喜欢的事。陈姐本不想借钱给别人，然而因为害怕破坏关系，于是做了违背自己意愿的事。

在社会上，有很多人因为边界感意识模糊，使自己陷入了痛苦之中。

孩子因为没有划分与父母之间的边界，于是把父母的要求当成是自己的，最后不堪重负。

妻子因为没有划分与丈夫之间的边界，认为"你的就是我的，我的还是我的"，在对方无法满足自己的要求时，陷入痛苦之中。

朋友因为没有划分与朋友之间的界限，于是基于关系好，认为自己应该为对方的快乐负责，最后陷入不断违背自我满足他人的过程。

这就是我们前面提到的糨糊思维。糨糊思维最常见的观念是"你的事是我的事，我的事也是你的事"，"大家的事是我的事，我的事也是大家的事"。这就是边界意识模糊的状态，也是与人交往时，边界意识不清晰所处的状态。

其实这并不是与人相处的正常状态。与人相处是有边界的，也就是心理学上说的刺猬法则。

在冬天来临的时候，有两只刺猬因为寒冷而依偎在一起。可是，因为各自身上都长着刺，所以它们分开了一些，结果分开后它们觉得好冷。于是，它们又互相靠近了一些，可是却伤害了对方。最后，几番折腾后，两只刺猬终于找到了一个非常合适的距离，这个距离既能让它们互相取暖，又能使它们不扎到对方。

刺猬在与同伴相互接触的时候，需要保持与对方之间的距离，否则就会扎到对方。同样，人与人之间的交往也需要保持一定的边界，否则我们也会因为过界而伤害到彼此。那么，我们要如何为孩子树立边界意识呢？

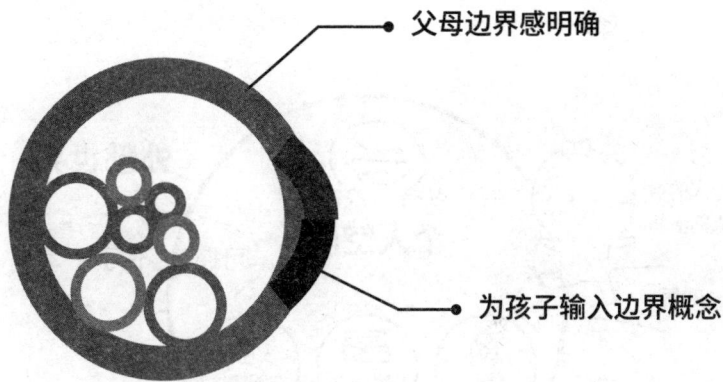

父母边界感明确

为孩子输入边界概念

一、父母边界感明确

首先，作为父母，一定要有明确的边界意识。前段时间，朋友丹带着她的孩子来我的茶室玩。在与孩子玩乐的过程中，孩子感觉有点无聊，于是找妈妈要手机玩，然而丹并没有同意。在这期间，孩子不停地对着丹哭闹。最后，丹妥协了，把手机交给了孩子。

其实，这是一个很不好的示范。丹说不给孩子玩手机，然而孩子一闹，她便给了，这对孩子树立边界意识没有任何帮助。

在孩子性格形成的初期，正是他们边界意识逐步建立的一个过程，在此过程中，他们会时常试探父母的反应。他们通过父母的反应来树立自己行为的边界，如果这时父母的反应不坚定，往往就会导致孩子没有确切的边界感，孩子就会肆意妄为。因此，想要为孩子输入边界意识，父母一定要坚定自己的边界。

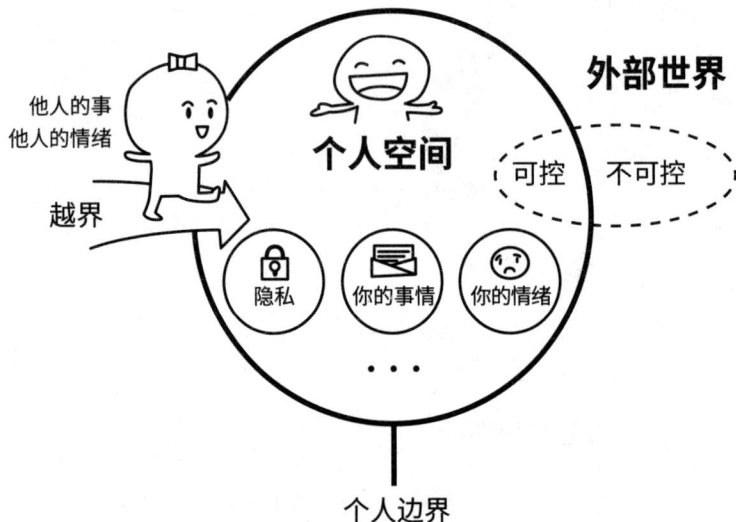

他人的事
他人的情绪

越界

外部世界

个人空间

可控　不可控

隐私　　你的事情　　你的情绪

· · ·

个人边界

二、为孩子输入边界概念

许多成年人之所以边界意识模糊，正是因为他们的父母没有输入边界意识的概念，所以，他们为人父母之后同样不知道该怎么做。我们需要为孩子输入概念，需要告诉孩子，关系决定行为，而这是孩子与人相处时的边界。

当孩子还未形成边界意识的时候，他是很难划分与他人之间的边界的，也就是说他们不知道什么是该做的、什么是不该做的。当他人提出不正当的要求时，孩子常常会因为自己没有边界的概念而妥协。

孔子云："君君，臣臣，父父，子子。"什么关系决定了什么行为。如果没有关系决定行为的概念，那么孩子就很容易陷入痛苦之中。

作为父母，我们需要为孩子输入边界意识，让他们知道什么关系决定什么行为。如果父母的行为超出了界限，那么孩子就要拒绝对方的不合理要求，这样父母与孩子之间的关系才会成立。

关系决定行为，父母要告诉孩子，"不要为他人的情绪买单，关系再好，也不意味着我们需要为他人的情绪负责"。因为孩子概念不清晰，所以很多时候不敢拒绝他人的要求，认为拒绝会破坏关系，于是他们会不断违背自己的意愿而满足他人，最后因为违背内心而心怀怨恨，与他人的关系也走向破裂。

作息意识，教会孩子科学休息

有一次我出差，第二天晚上11点左右才回到家，当我推开房间门时，发现儿子天天还没睡。

天天说："爸爸，再讲一个故事吧，最后一个。"

爸爸说："好吧，最后一个，讲完你一定要睡！"

故事讲完后，天天又说："爸爸，我们听一首歌吧！"

爸爸说："好吧，就听一首，我们就要睡觉了！"

天天说："好的！"

又这样持续了很长一段时间后，将近12点，我洗漱完毕，推开门，发现他俩还在讲故事。最后，爸爸累了，天天也累了……

身边朋友经常对我说，最苦的就是孩子吃饭和睡觉这两件事了。孩子吃饭时跑来跑去，睡觉时也不配合，一会儿要喝水，一会儿要尿尿，真的让父母苦不堪言。

　　我的堂妹是一个吃饭困难户。为什么这么说呢？堂妹每次吃饭都要吃一到两个小时。一日三餐，堂妹光在吃饭上就要花费父母3—6个小时。当她上小学后，每天的作业很多，吃饭问题就给她造成了很大的困扰。

　　这是孩子的作息意识没有树立的结果，而决定孩子作息意识的关键在于父母在树立孩子作息意识的时候不够坚持。于是，导致作息意识没有完全健全。

　　在孩子树立作息意识的时候，如果父母因为孩子哭闹而选择妥协，那么他们的作息意识就很难形成。

　　那么，如何科学地树立孩子的作息意识呢？

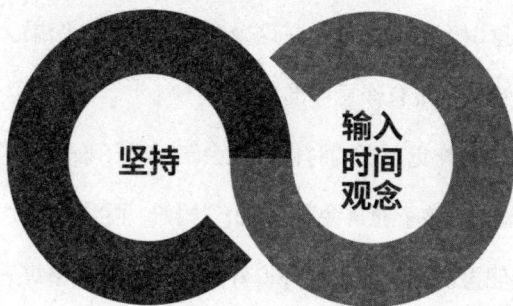

一、坚持

　　点点睡觉一直是困扰妈妈的一个难题。每天睡觉前，点点都会把妈妈折腾到精疲力尽。每次点点都会要求妈妈再讲一个故事或者要求妈妈开着灯睡，否则她就会又哭又闹，直到声嘶力竭。每次妈妈都无可奈何地选择妥协。现在点点已经 5 岁了，然而她的睡眠习惯依旧是老样子。

点点在不断试探妈妈的边界，她要求妈妈打开灯睡，要求妈妈给她讲故事，一个又一个。此时，作为父母，必须要坚持而不是妥协。

其实，孩子的边界意识就是孩子的作息意识。想要改善孩子的作息意识，首先要从孩子的边界意识入手，边界意识树立了，他们的作息意识就自然而然形成了。

父母的坚持是孩子树立作息意识最关键的一环。父母就是孩子的模板，在孩子小的时候，他们会通过不断试探父母的边界来树立自己的边界，通过不断试探父母的反应来调节自己的行为，这是孩子最初作息意识形成的基础。在这个关键的时期，如果父母不够坚定，就会导致孩子没有作息标准。

在培养儿子睡觉习惯的时候，我会告诉儿子该睡觉了，然后关上灯睡觉。这时，孩子通常会对我说："妈妈，再给我讲个故事吧。"然后我会给他再讲一个故事，并说好只讲一个。故事讲完后，我会保持安静，不再讲话。接下来，无论孩子提出什么请求，我都会保持安静，不再讲话，直到孩子睡着。

在面对孩子作息的问题上，坚持会带来良好的结果，他们会养成习惯，固定的时间做固定的事情，不再需要父母监督、催促。

二、输入时间观念

作为父母，需要给孩子安排一个大致的时间表。比如什么时间是点心时间，什么时间是吃饭时间，什么时间是午睡时间，什么时间是玩耍时间。安排固定时间生活表，是让孩子生活规整的一个最重要的基础。

我家孩子一天只能玩一小时手机，到时间就会自觉地把手机上交给我。如果父母给予孩子的是确切的时间、确切的事情，那么孩子就不容易纠结了，而这也是给孩子树立安全感的一个基础。对一个年幼的孩子而言，确切的时间、确切的地点、确切的事情，会让孩子变得很有安全感，而变来变去只会让他们感到混乱与烦躁。

前一段时间跟表姐视频的时候，当时是下午 1 点，表姐正在吃饭，而她家儿子正在吃零食。当问到孩子的作息习惯时，表姐说跟她一样，上午 10 点起床，然后吃点零食，下午 1 点的时候吃饭，晚上 8 点吃晚餐。

像表姐这样，父母的生活习惯成了孩子的生活习惯，而父母的习惯是混乱的，孩子则很难养成规律的作息时间。因此，父母必须以身作则，同时要学会给孩子制订科学合理的作息时间表，并让他们养成习惯。

责任意识，让孩子做有担当的人

前段时间，闺密晨嫁人了。然而经过一段时间的相处之后，才发现对方是一个"妈宝男"，每件事情都需要经过父母的同意，甚至每天晚饭吃什么都要与妈妈通话后再做决定。

闺密告诉我，她非常痛苦，她感觉自己并不是在跟老公过日子，而是在跟婆婆过日子；家里的大事小事基本都是婆婆与公公做决定，而她的老公则是处于一种附和的状态，一点主见都没有。

随着社会的发展，女性既要工作，又要照顾家庭，这在一定程度上导致了男性在家庭责任方面的缺失。社会责任感的偏移造就了母权的倾斜，在能够陪伴自己、爱护自己的妈妈面前，与时常缺位的父亲面前，孩子会更愿意听谁的、接受谁的观点呢？

很显然，是母亲的。母权倾向加重，家庭中很容易出现"母强子弱"的现象。因此，未来"妈宝"可能更为普遍，且往往具有如下特征：

- 盲目顺从 —— 我妈永远是对的。
- 全然依赖 —— 这件事我没办法处理，我要找妈妈。
- 没有主见 —— 听我妈的就好了。
- 不愿承担责任——我没办法，找妈妈。

"妈宝"就像一根没有支点的藤蔓，而他们的妈妈则是一棵被依靠的大树。藤蔓顺着大树缠绕而上，藤蔓没有自己的支点，它的枝杈随风飘荡。一旦大树倒塌，藤蔓也会跟着倒下。

朋友小苏也是一个"妈宝男"。每当他在外面遇到一些难题的时候，总会回到家里找妈妈帮忙。如今，他的妈妈已经69岁了，还是需要帮助小苏解决各种问题，这也让他的妈妈不堪重负。

然而与小苏同在一个屋檐下的哥哥，却呈现出完全不同的状态。小苏的哥哥非常负责任，也非常有主见，遇到问题时，他都会勇敢地承担责任而不会选择退缩。小苏哥哥创建了一家自己的公司，在社会上、在家族里都很有名望。

是什么造成了兄弟俩的不同呢？同样一个家庭出来的两个孩子，为什么一个责任心很强，另一个则事事需要妈妈帮忙呢？

在观察小苏的原生家庭时，我们得到了答案。原来小苏的家庭是一个重组家庭，小苏由妈妈抚养成人，而小苏的哥哥则是由他的继父抚养长大。父母教育方式的不同导致了小苏和哥哥处于两种不同的状态。哥哥之所以成为一个坚强、努力、负责任的人，正是因为父亲从小给他输入的正向的责任意识，哥哥也因此成就了自己的美好人生。

接下来，我就介绍两种为孩子灌输责任意识的方法。

一、父母需要具备较强的责任意识

作为父母，想要为孩子树立责任意识，自己必须具备较强的责任意识。

有一次，信用卡中心打来电话催缴欠款。当时，小苏的电话打不通，于是就打到了小苏妈妈的手机上。我正好也在场。我记得小苏妈妈的反应是，"我知道了，我知道了，我一定会让他还的"，接着，就把电话挂断了。

挂断电话后，小苏妈妈并没有责怪孩子，而是对小苏说："真是烦死人了，不就欠了 3000 块钱吗？还整天催。"小苏附和道："是啊，有钱我也不还，整天催，烦死了。"

后来当着小苏的面，妈妈又接了第二通来自信用卡中心的催款电话。这次小苏妈妈不耐烦地说道："我不是他妈妈，你打错了。"

这两通电话仅间隔 5 分钟的时间，而小苏妈妈的状态却从"我是他妈妈"变成了"我不是他妈妈"，何其讽刺。

　　小苏妈妈的纵容造成了孩子逃避责任的惯性，同时错误的示范也在一定程度上造成了孩子责任意识的缺乏。

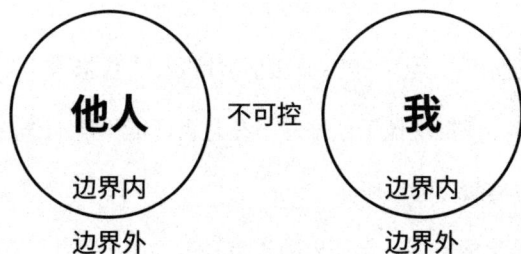

二、划分责任边界

　　我们需要为孩子清楚划分边界。该孩子承担的责任，父母不能自己揽在身上，很多时候我们之所以疲惫不堪，是因为我们承担了过多来自于孩子的责任。

　　就拿孩子做作业这事来说，很多家长认为是自己的责任，最后孩子认为做作业是为了完成父母布置的任务。于是孩子不愿主动完成作业，需要父母去推动、催促，甚至需要父母用条件进行交易。

　　我们的代劳、我们的负责是在助长孩子不负责任。最终，我们需要离开孩子让他们独立生活，如果我们一切包办，那么孩子又如何为自己的生活负责任呢？

　　前几天，我与朋友去杭州出差，在路上，朋友接到了老师的电话，被告知孩子没有完成作业。朋友挂掉电话后回给孩子，质问女儿为什么没有完成作业。朋友在电话这头怒吼道："老师不是叫你写 25 个生词吗？为什么你只写了 3 个？"这是我第一次看到她大发雷霆。

朋友吼完后，电话那头女儿小声地说："我忘了。"在整个谈话的过程中，我发现孩子似乎并不在意自己能不能把作业完成，反而更在意的是父母的反应。

这就是父母与孩子责任界限没有划分清楚的结果。该是孩子承担的责任，父母没有学会退位让孩子独自承担。

父母为孩子的行为结果买单，为孩子承担责任，于是孩子就形成了习惯性逃避责任的意识。如果孩子迟迟无法独立，父母也要一直背负着孩子的责任，痛苦到老，这真的是我们想要的吗？

生儿育女，到最后我们都是要与孩子剥离开来的，孩子也要有他们自己的生活。所以该孩子承担的责任，我们要学会放手。否则，孩子永远都学不会独立。

分享意识，孩子的格局要从小培养

有一段时间，老公经常从超市买零食回家，儿子看到后大声喊道"这些都是我的。"听到儿子说的话，我纠正道："不是的，宝贝，这些是爸爸妈妈和你一起吃的，不是你一个人的。"

孩子不愿与他人分享，这是困扰很多家长的烦恼。4—5岁是孩子自我意识萌发的阶段。这时候的孩子不再像一两岁时候的样子，只需要喂饱他们就好了，更多时候，孩子们有了自己的想法。

当孩子自我意识萌发的时候，就意味着孩子开始不愿意听从父母的意见，开始不愿意分享自己的所有物，开始维护自己的权利，开始划分自己的物权边界，开始对你说"这是你的"，"这是我的"。

在孩子自我意识萌发的阶段，我们需要维护孩子的个人意愿度，他们不愿意分享的东西父母不能强迫，否则只会降低孩子的自我价值感，给孩子的未来造成难以磨灭的影响。

对于物权敏感期的孩子，父母需要注重对孩子意愿度的维护。

比如，当我们要求孩子分享他们的玩具时，需要在孩子意愿度的范围内进行，而不是强制执行。如果在这个阶段父母进行强制，孩子也会选择用强制的方式抢他人的玩具，这就造成了错误的示范。

孩子不愿意分享是自私吗？

两岁以下的孩子，他们都是以自我为中心的，所以如果父母要求孩子分享，他们是很难做到的。这个阶段的孩子认为什么都是自己的，包括自己的爸爸妈妈。处于这个时期的孩子，他们的爸爸妈妈多抱一下其他的孩子，他们都会感觉到很生气。这是孩子的自然反应，因为人的本性就是自私的。

随着孩子一点点长大，当孩子处在 3—5 岁，他们便进入了物权敏感期，开始划分人与人之间的边界。"这是你的"，"这是我的"，孩子慢慢地开始从以自我为中心跨越到与人相处的阶段。

这一时期是培养孩子同理心、分享意识的重要时期，也是教会孩子与人相处的关键时期，父母需要正确地引导孩子，让他们做出正确的行为。

在这个时期，我们不能对孩子的分享抱有过多期待，毕竟不愿分享自己的所有物也是正常的表现。

很多成年人都不一定愿意与他人分享自己的所有物，更何况是孩子。所以，想要让孩子分享，我们并不能强制，只能从思维、行为上影响孩子。

那么，如何引导孩子学会分享呢？

一、日常引导

如果父母没有从小引导孩子与人分享的行为，长大之后的他们就会变得非常自私，人际关系也会非常糟糕。

记得有一次，舅舅从外地带回了两包糖果。当时他给了妹妹一包，也给了我一包。那时，我与妹妹的反应完全不同。我打开糖果并吃掉了一整包的糖，而妹妹的反应却是打开糖果后分给了爸爸、妈妈、外公、外婆，然后把剩余的一些糖果留给自己。

当时，妈妈看到我的反应后皱着眉头说："你怎么这么自私？就自己一个人吃了，都不分给别人？"或许大家都认为我很自私吧，然而我自己却没有觉得有何不妥。

从小在外婆家的时候，我是家里最小的，有什么好的东西外婆都先给我。于是自然而然地，我认为所有的好东西都应该是我一个人的。我不认为我需要分享，也就没有形成分享的意识。

直到有一次被表姐责骂时，我才有了分享意识。当时我正在读初中，晚上表姐买了3个汉堡，然后给堂妹打去电话让她快过来吃。挂完电话后，我对表姐说："我们赶紧吃掉，不然等会儿堂妹过来了，我们就没得吃了！"

可想而知，当我说完这句话后，表姐的脸色有多么难看，我被表姐狠狠训斥了一番。当时，表姐坐正了身子对我说："我叫堂妹过来就是想让她吃汉堡的呀，如果我不愿意分享，我就不会叫她过来了。"她叹了口气继续道，"吃东西的时候，不要光想着自己，有时候我们也要多想想别人。"这是我分享意识形成的第一步。

对妹妹来说，分享是她的一种习惯，她不需要任何人强调，就会做到自然而然的分享，这是从小妈妈引导的结果。而从小没人教我要分享，因此对我来说分享是很困难的一件事。

在妹妹大概 2 岁的时候，妈妈就告诫妹妹要分享，她从来不会让妹妹独享一件东西。长大后，分享已经成了她的习惯，不需要他人强调就能够自然而然做出。

因此，想要让孩子学会分享，父母需要在日常生活中给孩子输入分享意识，在生活中的每一刻、每一个关键点，父母都需要将分享意识灌输给孩子。只有这样，孩子才会把分享这件事看成是理所当然的。

二、让孩子体会分享的乐趣

分享是一种乐趣。分享不会无师自通，分享需要靠人教，需要让孩子体会到其中的乐趣。

朋友娜的奶奶是一个人际关系的高手，在与每个人交往的过程中，她都做到游刃有余，而奶奶最厉害的地方就是很会与人分享。

在家时，如果她的奶奶得到一些小东西，比方说从老家买来海蛎，奶奶都会弄好分享给邻居。有一次，奶奶学会了刺绣，便将刺绣后的成果分享给了亲戚朋友。因此，奶奶与亲戚朋友的关系几十年如一日地好。

前些日子，朋友对娜说："你是很会分享的一个人。"后来，娜回想过去的某些时刻，她的分享行为与奶奶的示范作用分不开。虽然奶奶从来没有告诉她需要怎么做，然而她却在效仿奶奶的行为。

那段时间我经常把家里的水果带到工作室分给朋友，有一天儿子天天突然告诉我说："妈妈，我也想把好吃的带到工作室与小朋友分享。"我想，孩子肯定是体会到我分享时的乐趣，所以他才会做出这样的行为。

想要让孩子学会分享，父母自己就要学会分享，否则我们无法教会孩子我们自己都不会的东西。

感恩意识，孝顺是一种传承

一次到景区旅游的时候，我看到了一个雕像，那是一个裸露着上半身的妇女正在给一个没有牙齿的老人哺乳。这个雕像引起了很多人的关注，有人认为太不美观了，有人甚至对着雕像开始指指点点。

就在大家都议论纷纷的时候，导游站出来解释道："这是一个儿媳妇在给她的婆婆喂奶。处于高龄的婆婆因为没有了牙齿，所以吃饭很困难，婆婆当时非常饥饿，她的儿媳妇看到后，觉得非常难过，很不忍心，于是，刚生下孩子的她哺乳她的婆婆，而嗷嗷待哺的孩子也在望着他的妈妈。"

导游解释完之后，我们对这个雕像肃然起敬。是啊，最好的孝顺不是嘴上说的，而是看你怎么做。孩子是否孝顺，很大程度上取决于父母如何给孩子做出良好示范。

小时候，隔壁邻居家有一个非常不孝顺的媳妇。每次吃饭时，媳妇都会把最好的饭菜放在自己的桌前，而把咸菜摆在婆婆的面前。每当孙子问妈妈为什么奶奶不吃肉时，妈妈总说是因为奶奶不爱吃。后来有一天，丈夫出远门了，于是儿媳就把婆婆赶到了另一张小桌上吃饭。又过了几天，媳妇从外面捡回一个又破又烂的碗，对婆婆说："以后，你就用这个碗吃饭吧。"从此，媳妇对待婆婆更加肆无忌惮。

后来，连孙子都看不下去了，于是说道："妈妈，如果有一天奶奶死了，她的碗不要扔掉。"面对孩子突然提出的这样一个要求，媳妇很奇怪地问孩子："这是为什么？"孩子淡然地说："因为以后我要把这个碗留给你用。"

从此，这家媳妇就再也不敢虐待婆婆了。

孝顺是一种传承，父母是怎样做的，孩子自然也会模仿、传承。那么，我们该如何为孩子树立孝顺意识呢？

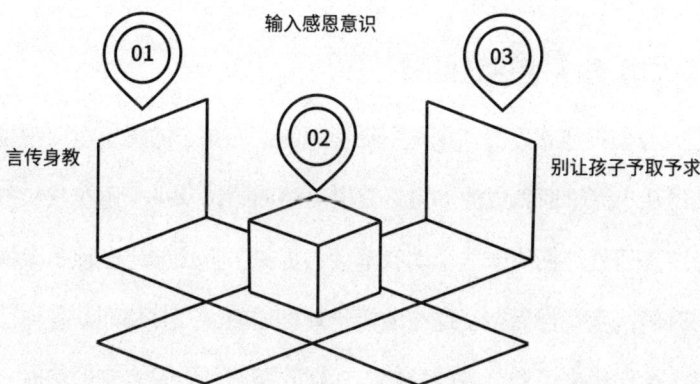

输入感恩意识

01

02

03

言传身教

别让孩子予取予求

一、言传身教

想要孩子孝顺，为人父母就要做出表率，否则怎么能要求孩子做到你无法做到的事呢？

隔壁邻居有一个婶婶，她对婆婆很不好。她很讨厌婆婆，每次婆婆出现在她家门口时，她都会拿起扫帚把婆婆赶走。甚至在婶婶儿子结婚的时候，也不允许婆婆参加酒席。后来，她的婆婆郁郁而终。

20 年的时间过去了，婶婶的命运却与她的婆婆惊人相似。不仅儿媳妇对她不好，连儿子也对她大吼大叫，甚至连她的女儿都对她十分嫌弃。婶婶延续了婆婆的悲惨命运，她很希望子女能够孝顺，可是现实却事与愿违。

孝顺从来就是一种言传身教，你是如何对待你的长辈的，那么，未来你的孩子也会如何对待你。你无法教会孩子你没有的东西，同样，你也无法让孩子做到你自己都无法做到的事情。

二、输入感恩意识

一个不懂感恩的孩子是不会孝顺的，而孩子的感恩意识则是由父母从小灌输而养成的。虽然我的婆婆和妈妈从小都不在我和孩子身边，但是她们的一些举动我都会告诉孩子。比如，在孩子喝酸奶的时候，我会告诉孩子这些酸奶是外婆送的，"外婆非常爱你，所以，给你送来了这么多的酸奶"。在吃婆婆从老家寄来的鱼时，我会告诉孩子："这些鱼是奶奶专门从老家寄来的，奶奶非常爱你。"

在日常生活中，我们需要为孩子输入爱的意识、感恩的意识，让孩子感受到来自他人的爱。当他们感受到爱，那么孩子自然也会付出他的爱，这是孩子感恩的基础。

三、别让孩子予取予求

在对待孩子的要求时，父母要做到适度满足。如果让孩子养成无度索取的习惯，最终只会养出一个白眼狼。

在心理学上有一个效应叫贝勃定律，说的就是当人经历了持续刺激后，再施加的刺激就显得微不足道了。

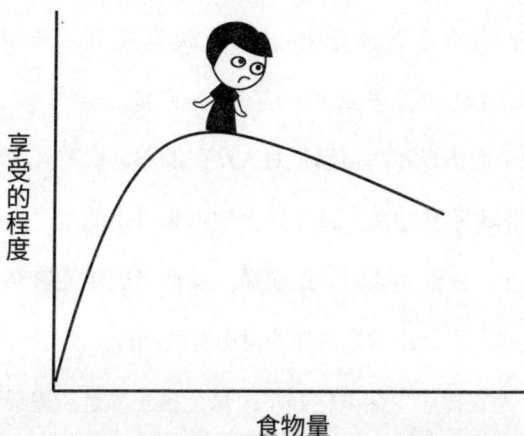

在父母教养孩子的过程中，适度的满足能够培养出一个懂得感恩的孩子，而过度的满足则是在降低孩子的感恩意识。当孩子认为得到一些东西是很容易、理所当然的，他们自然而然就不会感

激了。

意大利心理学家曾做过一个心理学实验。他挑选了两对经历类似、情况相似的情侣，要求其中一对情侣中的男孩每天给女孩送一朵玫瑰花，而要求另一对情侣中的男孩只是在情人节那天给女朋友送上一束玫瑰花。

随后，心理学家观察两个男孩送花频率的不同给两个女孩造成的不同影响。后来，心理学家发现，那个每天送一朵玫瑰花给女孩的男孩被女朋友嫌弃道："你每天都只送一朵玫瑰花，你看看人家，人家的男朋友在情人节那天都给她送了一大捧玫瑰花。"而那个只在情人节那天给女朋友送一束玫瑰花的男孩却让女孩感到欣喜若狂，女孩甚至抑制不住内心的激动，当众拥吻了那个男孩。

这就是予取予求和适当满足对人产生的不同影响。予取予求的后果是对方根本不会感激，甚至还会觉得你付出的太少。因此，你需要付出更多，才能换来对方的感激。而适当满足能够充分激发对方的感激之情，也会让对方对你的付出有所回应。

现在，大家物质生活条件好了，每个孩子都是家里最珍贵的那个宝贝，家长也会把最好的东西都留给孩子。然而，我们却不明白，这样的方式是在毁掉孩子的感恩意识。

规则意识，规范孩子行为的三个关键点

我还依稀记得小时候外婆给我讲的故事。

小时候，有一个小孩偷了邻居家的一根针，当时他的妈妈没有任何反应，也没有批评他。又过了几年，孩子长大之后，直接把隔壁邻居家的牛给偷走了。最后听说这个孩子成年之后，因为盗窃进了监狱。他埋怨妈妈为什么当初不及时制止他，如果当初妈妈当时告诉他这么做是错误的，他的人生可能就会不一样。

在孩子小的时候，某些行为看似没有任何伤害，所以很多时候大人就会选择听之任之。然而，当他们长大之后，那些原本错误的行为已经养成习惯，再想改就困难了。

思维与行为存在一定的一致性，也就是说当你的行为错了，惯常的错误行为会最终影响一个人的思维。反过来说，如果你的思维错误，那么也会造成你的错误行为。最后，思维与行为达成一致。

孩子的思维、行为也同样存在一致性。在他们小的时候，思维还未成形，这时候如果父母没有规范孩子的行为，那么，孩子的错误行为会导致错误的思维，错误的思维又形成错误的行为。最后，孩子的思维、行为都是错误的死循环。

在孩子还小的时候，他们思维还没定型，因此，孩子很难基于正确的思维做出正确的行为，这时就需要父母给孩子输入规则意识，规范孩子的行为。

从心理学上讲，规则意识就是发自内心、用规则作为自己行动准绳的意识。孩子能明白规则意识并且也会去遵守规则。

那么，我们该如何帮助孩子更好地养成规则意识，规范孩子的行为呢？主要有以下关键点。

一、规则符合孩子的成长规律

我们制订的规则要适时、适度，符合孩子的年龄特点。规则超前了，孩子不能很好地理解，会导致孩子对规则产生畏惧心理，甚至让他放弃规则。

二、正确的示范

对孩子来说，父母就是孩子最好的榜样。在孩子的教育问题上，父母需要展现出强大的领导力。那么，父母的领导力来源于哪里呢？在《领导力的 5 个层次》一书中说道，领导力的巅峰是榜样。同样，父母的领导力也来源于示范。

前一段时间，朋友带着他家儿子小诺跟着我们一起去公园玩，当时小诺因为一个玩具和其他小朋友大打出手。朋友看到后，跑过来及时制止了孩子，他举起手威胁孩子说："我不是告诉你了不能打人吗？你为什么还要打人？"在说话的工夫，朋友单手把孩子拎了起来，瞬间孩子的脸上露出惊恐万分的表情。

朋友就这样一手拎着孩子，另一只手掐着孩子的手回家去了，他边走边恶狠狠地对孩子说："看我回家不打死你。"

父母没有做出良好的示范，怎样要求孩子听我们的？作为父母一定要清楚，孩子从来不会听我们说什么，而是看我们怎么做。所以，想要规范孩子的行为，父母必须先规范自己的行为。

三、立刻纠正

在孩子还小时，他们会经常犯错，很多父母看着他们萌萌呆呆的样子，舍不得批评，认为孩子还小，长大后自然而然就懂了。

然而，你知道吗？孩子并不会随着时间的推移变得懂事，而是因为他们接受的教育而变得懂事的。

在孩子年纪还小的时候，正是匡正孩子言行的最好时机。如果在这一阶段，父母能够及时纠正孩子的错误行为，孩子就会很好地规范自身的行为边界。

四、孩子违反规则，家长要控制情绪

既然有规则，就有孩子违反规则的时候。这时候，家长要尽量控制自己的情绪，不要化身"喷火龙"，更不要体罚孩子，避免孩子因为家长的情绪变得抵触规则。当孩子违反规则的时候，家长需要做的是耐心指出孩子违反规则的原因，并分析说明之后应该怎样避免再次出现同类错误。孩子知道自己错在哪里，才能平和地接受家长的教育并学习遵守规则。

换位思考，共情能力决定孩子的未来

美国作家拿破仑·希尔曾说过一句话："懂得换位思考，能真正站在他人的立场上看待问题，考虑问题，并能切实帮他人解决问题，那么，这个世界就是你的。"可见，换位思考是多么重要的能力。

美国曾经经历一次大萧条时期，在这个特殊时期有90%的中小企业都面临着倒闭。这时，一个名叫山姆·沃尔顿的人开的齿轮厂也面临倒闭。后来，沃尔顿卖掉了家里的很多东西，而他在给朋友寄去信件的时候，每个信件里，沃尔顿都会放上两美元，作为回信的邮票钱。

每个人都被沃尔顿的行为感动了。此后，沃尔顿收到了很多订单，沃尔顿的生意也很快有了起色。

换位思考是一个人在社会上立足的软实力，也是一个人高情商的表现。一个拥有换位思考能力的人，共情能力更强，更容易赢得他人的欢迎，从而拥有良好的人际关系。

　　我家孩子天天就很受亲戚朋友的欢迎，因为从小我们就重视培养他的共情能力。在日常生活中，天天自己不喜欢的事从来不会强迫别人，也习惯从他人的角度考虑问题，很多小朋友都喜欢跟他玩。如何培养孩子的换位思考能力呢？我介绍两种方法：

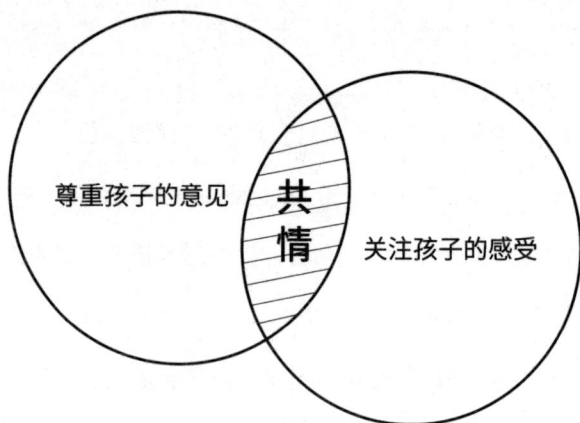

尊重孩子的意见　共情　关注孩子的感受

一、尊重孩子的意见

　　想要孩子拥有换位思考的能力，首先我们要尊重孩子的意见。当孩子受到尊重时，自尊水平就会得到相应的提升，当他们处于高自尊水平时，才会尊重别人。试想一个不受尊重的孩子，又怎么会尊重他人呢？

　　有一次圣诞节，我给天天买了一个小雪人，同时也给朋友的孩子买了两个，每个小雪人里面都装满了糖果。唯一不同的是，其中两个小雪人装饰有漂亮的皇冠。当时朋友的孩子看到了，兴奋地指着天天手里的小雪人说："妈妈，我要跟他换。"

朋友询问我能不能跟孩子交换一下，我微笑着对他说："这是我儿子的，所以，我需要询问他的意见。"说着低下头问儿子，"宝贝，你愿意换吗？"孩子听到我的话，攥紧了手里的小雪人。看到他的样子，我就知道他不愿意了。于是，我笑着回答朋友："不好意思，天天不想换。"

在同龄的孩子中，天天算是非常懂事的，他从来不会跟其他小朋友抢玩具，通情达理，也很受身边的亲戚朋友欢迎，因为大家觉得他很懂事，而这与我对他的尊重是分不开的。父母尊重孩子就会让孩子形成高自尊水平，也造就了孩子尊重他人的习惯。

二、关注孩子的感受

非暴力沟通专家马歇尔博士曾说过："你只有听到自己内心的声音，才能听到别人内心的声音。"

想要孩子拥有换位思考的能力，先要让他们学会关注内心的感受。比如邻居家的小朋友小浩爱来我家玩，每次来他总喜欢动天天的玩具。后来我告诉天天："这是你的玩具，如果你不想让别人玩，那你就收起来，放到其他小朋友看不到的地方，这样他们就不会乱动你的玩具了。如果你愿意，可以选择分享你的玩具，不愿意分享的话妈妈也不会逼你。"

　　你越关注孩子的感受，孩子自然而然也愿意关注你的感受，关注他人的感受。一个忽略自己内心感受的孩子，是不会关注他人感受的，也就难以养成共情能力。

　　之前，我带天天去医院，医院环境非常吵，每次他想睡觉时总是会被人吵醒，显得很是烦躁。后来，在其他小朋友睡觉的时候，天天就故意把手机开得很大声。我对他说："宝贝，你在睡觉的时候，被人家吵醒是不是很烦？那么，人家小妹妹在睡觉时被你吵醒，是不是也会很烦呢？"天天听完我的话，就把手机声音调小了。

　　每次我带天天去朋友家玩，天天从来不会乱动其他小孩子的玩具，因为他不喜欢别人动自己的玩具，所以也不会乱动别人的玩具。

　　在教育孩子的过程中，教会孩子换位思考，推己及人是最好的方式——你自己不想要的，也不要施加在别人身上；你不喜欢的，也不要要求别人。换位思考是一种能力，也是一种意识，而这种意识是需要父母从小灌输给孩子的。

第三章

▲

家长陪伴有方法，
孩子成长不费力

孩子无理取闹的根源

在孩子 2 岁的时候，有一次我带他去逛超市，当时我们买了一整箱酸奶，我准备带着他去收银台付钱，然而他却还想再买一箱。我没同意，他就开启了无理取闹的模式。在众目睽睽之下，他直接往地上一躺就不起来了，躺下后偷瞄了我一眼，看着我无动于衷的样子，他又开始了耍赖模式，在地上撒泼打滚。

看到孩子的样子，我深吸一口气，默念道："亲生的！亲生的！不要生气！不要生气！"

日常生活中，你是否遇到过孩子无理取闹的时候？你是怎么处理的？你是直接制止还是用其他的方法呢？

其实，只要了解孩子无理取闹的根源，问题就会迎刃而解。主要有三个原因：

- 需求没有得到满足
- 没有学会正确的表达
- 父母没做好情绪管理

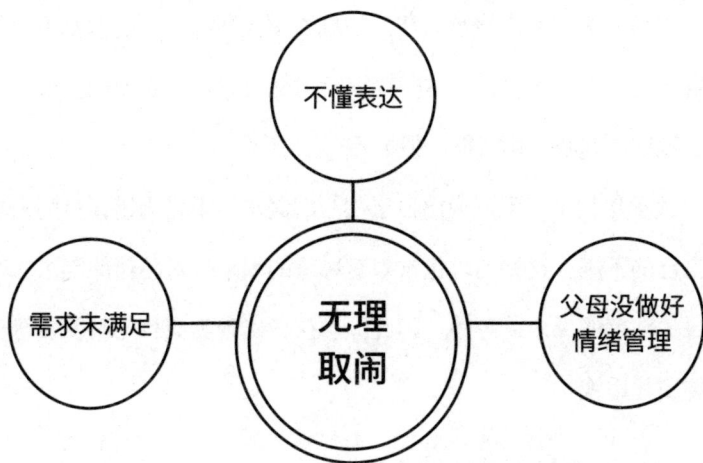

一、需求没有得到满足

这里说的需求没有得到满足，是情感上的满足，不是物质上的满足。如果父母仅仅用物质上的满足代替情感上的陪伴，孩子就会陷入对物质的追求而忽略自己情感的需要。

当孩子的精神需求没有得到满足，孩子就会形成一个错误的假设——如果我做了父母不喜欢的事情，是否就会得到父母的重视？于是"越出格越关注"这样的错误假设就在孩子的思维里生根发芽。

结果，各种出格行为相继上演：说谎、打架、翘课、染发……这一切为的就是引起父母的关注。孩子的错误心智被不断强化，他们的出格行为越来越严重。

当孩子被"越出格越关注"的思维模式捆绑着，他们就不会思考自己的行为是对是错，这些错误行为是否是自己想要的。最后，孩子被这样的心智模式彻底毁掉。

孩子年纪小，无法说出自己内心的渴求，于是用错误行为来表达自己的不满。这种渴求包含着对尊重的渴求、对陪伴的渴求、对父母关注度的渴求，等等。因此，当孩子出现类似行为时，父母一定要引起重视。

二、没有学会正确的表达

很多父母都会告诫孩子："你要乖一点，你不能这样做，你不能那样做。"这样的表达方式根本无法阻止孩子的无理取闹，他们该怎么样，还是怎么样。

父母只是以命令的口吻告诉他们不能怎么样，却没有告诉他们正确的做法，又怎么要求孩子能够做出正确的表达呢？例如当孩子坐在餐椅上大吵大闹时，我们通常会说"宝贝，你不要吵闹"，然而，我们却没告诉孩子正确的做法，于是孩子的错误行为被继续强化了。

哈佛大学心理学家乔治曾经做过一个实验，叫作"别去想粉色的大象"。他让学生闭上眼睛，并告诉他们："不要想着粉色的大象，千万不要想着粉色的大象。"睁开眼睛后，他问学生想到了什么，学生纷纷异口同声地说："粉色的大象。"

你越是强调什么，就越会增强什么。你越是强调孩子的错误行为，孩子的错误行为就越会得到增强。因此，当我们想要改变孩子，不应该总是对孩子强调错误，而是应该强调正确的做法。

比如，当孩子坐在餐椅上大吵大闹时，我们可以告诉孩子，"你想要什么可以小声地跟妈妈说"，"你想干吗就拉一下妈妈，妈妈会认真地听你说"。

"乖一点"，"你不要这样"，"你不要那样"，这样的说法只会让孩子迷惑。"乖一点"，到底你要我怎么乖？"你不要这样，不要那样"，那你到底想要我怎样？

过多的限制对孩子来说就是没有限制，过多的条条框框只会让孩子觉得自己被困住了，很不自在。因此，孩子会延续自己的错误做法，更加肆意妄为。

在调整孩子行为时，我们需要告诉他们该怎么做，只有这样他们才明白自己要做什么。同时，我们要给予孩子足够宽容的自由空间。孩子不是机器人，无法按照我们的指令按部就班地行事，孩子也需要一定的时间和空间。

三、父母没做好情绪管理

当孩子无理取闹时，很多父母无法控制自己的情绪，结果只会让事情变得更糟。因此，父母做好情绪管理非常重要。

朋友丹告诉我："我每次都很努力地想要管理自己的情绪。我想要控制住情绪，但是总是会失败，最后坏情绪全部发泄在孩子和老公身上。"

　　情绪管理并不是一味压制住情绪，或者一味发泄情绪。真正的情绪管理，是认真地疏导情绪。就像河水泛滥的时候，我们选择并不是堵住它或者让它泛滥成灾，而是给它找一个疏通的渠道。因此，我们需要给自己找一个发泄情绪的方式。除此之外，更重要的是我们要学会悦纳自己。

孩子情绪消极，家长不能无所谓

现实生活中，我们往往喜欢正话反说，情绪化地发泄，而不是正确地表达自己的需求。就比如：当妻子希望丈夫能够陪伴自己时，妻子从来不会说出自己的需求："我想让你陪陪我"，而是说"如果你出去了，就不要回来了"。

用情绪化的方式试图改变对方，满足自己的需求，这样的方式往往是事与愿违的。人之所以会拥有情绪，正是因为自身的需求没有得到满足。

当人的需求没有得到满足，那么就很容易被自身情绪控制。人就会通过本能的方式宣泄自己的情绪，比如说朋友的孩子小胖，因为不被妈妈理解，于是通过吃的方式满足自己的快乐。最后，他的体重达到了 200 多斤，连走路都变得困难。

当人的需求没有得到满足，就会通过一些消极的方式宣泄自己的情绪。因此，当孩子处于消极情绪时，父母一定要引起重视，并通过正确的方式进行引导。以下介绍两种方法。

一、情绪垃圾桶

当我们想要方便的时候，我们会跑到厕所去，因为我们需要排泄掉身体多余的废物。同样，当孩子产生消极情绪时，父母需要为他们的情绪找到一个出口。否则，孩子迟早会被情绪压垮，最后成为情绪的奴隶。

前段时间，朋友小语告诉我说，她比较理性，从来不会随意发泄自己的情绪。小语崇尚的是把自己的情绪用一个塞子堵住，而不是发泄。其实，小语的方式也不正确。有时候，情绪就像洪水，堵不如疏。

当孩子有消极情绪的时候，最好的方法就是找一个情绪的垃圾桶，让他们的情绪有一个疏解排泄的地方。我们可以带孩子去运动，或者找一个安静的时间点，跟孩子畅聊他们的困扰，只是倾听而不是提供解决方案，鼓励、引导他们将情绪发泄出来。

二、直面问题

当孩子发泄完情绪后，我们需要引导他们直面生活中出现的那些问题。人之所以变得消极，之所以忧虑正是因为问题无法得到解决。当孩子无法处理生活中出现的问题时，他们就会通过打游戏、刷短视频的方式获取快乐，逃避问题。比如前段时间的新闻，有个小朋友给主播刷了几十万块钱，而这些钱是他爸妈几十年的积蓄。在接受采访的时候，小孩说在家里他从来没有得到过来自父母的肯定与赞赏，于是通过为他人刷礼物的方式寻找久违的成就感与肯定。

当孩子无法面对生活中的种种问题，他们就会以逃避的方式寻求快乐，然而这样的快乐是不持久的，这只是一种瘾，是一种逃避生活的瘾。最后，孩子会变得越来越迷茫，越来越痛苦。

稻盛和夫在《成法》一书中说道："问题乘以逃避等于苦恼。"当人一直躲避问题时，问题就会越来越大，当人直面问题时，问题就会得到解决。因此，在教育孩子的过程中，父母需要引导孩子直面问题，开启孩子解决问题的通道，当问题得到解决，孩子的消极情绪自然而然也就不存在了。

提升孩子的价值感

在开读书会期间，我发现很多成年人都有价值感低下的问题。价值感低下的人的普遍反应是：想要从与他人关系上寻找认同感、满足感，想要从别人身上寻找存在感。

在关系里，价值感低下的人更像是一个老好人，他们从来不敢表达自己的需要，因为他们觉得自己不重要。于是，面对他人的要求时，他们的通常反应是来者不拒，因为他们恐惧破坏关系。因此，价值感低下的人很容易被他人情感绑架，最后陷入痛苦之中。

价值感低下的人是无法处理好人际关系的，而导致人价值感低下的根源在于从小父母有条件的爱与批判式教育。

一、有条件的爱

父母对孩子的爱一般都是无条件的，然而，我们为了让孩子听话，很多时候可能会说，"你再不乖，我就不爱你了"，"你再考不好，我就不爱你了"。为了让孩子听我们的，我们会这样威胁孩子。

有时候，父母随口说说的话却在无形中毁掉了孩子无条件的爱，降低了孩子的价值感。

小时候，外婆对我的爱是无条件的。记得有一次暑假作业没有做完，于是凌晨1点的我还在熬夜写作业。当时外婆睡了一觉后醒来，看到我还在写作业，就爬起来给我煮了碗夜宵，还埋怨老师为什么要布置这么多的作业。外婆从来不会因为我不够优秀，或者因为我读书时间太少就不爱我。更多时候，她更关注的是我的感受。长大后，外婆的爱也像一盏明灯照亮了我走过的每一步路。

阿德勒说："幸运的童年能够治愈一生，不幸的童年需要用一生来治愈。"无条件的爱就是能够治愈一个人一生的。

在我的书友会上，朋友小昕说："如果我不够优秀，我还能获得对方的爱吗？还会有人爱我吗？"小昕的话让我陷入了深思，后来，我问她："你是否觉得如果自己不够优秀，就不值得被爱？"小昕说："是的。"

小昕的话让我静思了良久，之后我郑重地告诉她："爱，从来不是有条件的，如果爱是基于有条件的满足，那么，爱本身就变味了，就不是真正的爱了。就像父母爱孩子，爱是没有条件的。也许有时候孩子很顽皮，他并不像邻居家孩子那样优秀，但是我还是很爱他。爱一个人不是因为对方足够优秀才爱，爱一个人是因为他就是他，因为他是他自己，所以，我爱他。"

小昕听完我的话，继续确认道："你的意思是说，一个人不用足够好，就能获得爱，是这样吗？"我回复说："是的。"

小昕之所以反复确认对方是否爱她，正是因为小时候父母经常对她说的那些话——"如果你想要得到这件东西，你就要做到这件事"，"如果你没办法考到第一名，我就不会带你出门玩"，"如果你不能做到足够优秀，我就不会爱你"。

从小，父母对小昕的爱就是有条件的。于是，长大后的小昕认为只有足够完美、足够优秀才能得到他人的爱。从此，小昕陷入对自我完美的极致追求。

在《非暴力沟通》里有这样一句话：爱，是爱他人原本的样子，不是他人够满足你期待的样子，也不是你所期盼的他人所呈现的样子，而是他人原本的样子。

如果，你认为爱一个人是有条件的，那么，你就是陷入了对他人的有条件的爱中；而有条件的爱，是因为父母最初灌输给孩子概念时出了问题。

无论是孩子还是大人，我们都需要无条件的爱与被爱，这是孩子自信的基础，也是孩子应对生活的底气。

二、批判式教育

批判式教育是导致孩子价值感低下的根源。很多时候父母会以为只要不断地给孩子挑错，孩子就会越变越好。然而，事实真的是这样吗？

记得有一次朋友玲因为一件事情批评了我，当时我的怒火直冲脑门，接下来玲给我提出的各种意见我都不想采纳。

批判式教育的关注点是理，也就是说他们更关注的是用自己的价值观来评判对方的对错，却并不关注对方的感受。如果有人不关注你的感受，而更关注你做一件事情的对错，那该多么可怕呀。

有一次，我的书友会探讨主题为赞赏的力量，在书友会上玲说到，自己被人赞赏时会很无措，同时她也无法赞赏他人，因为她根本无法容忍对方犯错。

在日常生活中，玲是一个完美主义者，她总喜欢不停地给别人纠错。后来，在聊到自己的原生家庭时，玲找到了问题的根源。玲之所以对他人如此苛刻，也是因为从小父母的批判式教育。小时候，当她犯错时，父母就会不停地给她纠错，因此在面对赞赏时，玲会觉得很无措，她总觉得自己配不上。与他人相处时，玲也很容易陷入对自我的否定。

玲延续了父母的批判式教育的状态，自我否定，否定他人。不仅仅是玲，小昕也是批判式教育下的受害者。每当小昕一件事情没做好的时候，别人还未开始批评她，内心中她已经把自己批评得体无完肤了。批判式教育让小昕价值感低下，于是她也陷入了追求完美的自虐模式。

批评，真的有效吗？批评，真的能让一个人改变吗？

小静对我说："我妈帮我带孩子，她总是没办法把我的孩子照顾好。有一次孩子睡着了，尿了一身，结果我妈都没有发现，孩子就焐着那泡尿，冰冷地睡了一整夜。

"因为这件事，我劈头带脸地骂了我妈一顿，然而并没有任何效果。后来，我妈不但没有认识到自己的错误，甚至还开始推卸责任，我真的好无语。"

卡耐基在《人性的弱点》里写道："批评不会改变任何事实，反而会招致愤恨。"批评只能够带来对方暂时性的妥协或改变，然而长期而言，批评却是夺走他人能量的一种方式，被批评者不但无法做出永久性改变，而且会从内心更厌恶自己。

前段时间，与朋友言的交流让我印象深刻。当我们聊到赞赏的力量时，她说："人，是不能被赞赏的，人一旦被赞赏就容易翘起尾巴来。"

言的话让我觉得很惊诧。人是很喜欢被赞赏的，而言却觉得赞赏是不可以的。在她回忆童年生活的时候，表示父母对她从来没有赞赏。甚至在漫长的童年岁月里，言根本没有办法找到任何温馨的回忆。

在谈话中，她反复表示并不认可父母的批判式教育，然而现实却是，长大后的她还是延续了父母的教育方式，并且用同样的方式对待她的孩子。

批判式教育是一种传承，同样，赞赏式教育也是一种传承。我们不可能告诉一个没有吃过冰淇淋的人，冰淇淋是什么味道。同样，我们也无法告诉一个在批判式教育下长大的人，赞赏是一件多么美妙的事。

从没得到赞赏的人也无法从赞赏中获取能量，更多时候人在批判式教育下容易被夺走能量，最终他们会用同样的方式从他人身上夺取能量。

人是可以塑造的，如果说，批评的能量会毁掉一个人，那么，赞赏的能量就能够重塑一个人。

日本有一档综艺节目，实验者很想知道赞赏的力量，于是一个内向、不自信的女孩便成了他们的目标。这个内向的女孩名叫桔梗，从来都只是宅在家里，不到万不得已不会出门。她从来不化妆，总是戴着一副黑框眼镜和一个口罩，总给人一种生人勿近的感觉。

综艺节目开启了 50 天的夸奖计划，每次在见面的时间里，实验者都对女孩进行夸奖。50 天后神奇的事情发生了。当记者再次找到女孩的时候，发现她发生了翻天覆地的变化。桔梗穿上了漂亮的连衣裙，换了好看的发型，摘掉了自己的黑框眼镜与口罩。在 50 天后，她能够应对自如地与陌生人聊天，她的气质也发生了很大的改变。

这就是赞赏的力量，赞赏能够为一个人提供能量，提升一个人的价值感，同时让一个人发生真正有意义的积极性的改变。

如果父母想让孩子发生积极性的改变，就应该在日常生活中找机会多赞赏孩子。本节的最后，为各位家长留一个作业，每天从孩子的行为中寻找亮点，并赞赏他们，持续 90 天的时间，看看会发生怎样的改变。

糟糕！当孩子遭遇欺凌之后

在孩子遭受校园暴力或者老师的侵犯时，为什么有的孩子不会告诉父母呢？根本原因在于孩子的价值感低下。

长期处于批判式教育下的孩子，常常被父母否定的孩子，他们的价值感普遍偏低。孩子会认为自己没有价值，认为自己没有资格反抗对方。

价值感低下的孩子不敢说出自己的需求，不敢说出自己的痛苦，甚至不敢对外来的侵犯说"不"。

小晨是一个价值感低下的人，在与他人相处的时候，他常常觉得自己不如别人。在被妈妈家暴的过程中，他不敢对妈妈说"不"，因为他害怕破坏与妈妈之间的关系。在交谈的过程中，他反复向我询问："是不是一个人不用足够优秀也能获得他人的爱？"

小晨的价值感很低，他不断从别人的认同中寻找满足感，根源就在于父母的批判式教育。父母从未夸奖过他，无论他做得如何，等待他的只有批评。

英国心理治疗师雅基·马森在《可爱的诅咒》中说道：一个人不愿拒绝别人，是因为拒绝他人会让自己感到内疚，所以选择委屈自己附和他人。

你希望孩子在遭受欺负时选择隐忍吗？你希望孩子唯唯诺诺度过他的一生吗？面对侵犯时，隐忍不是最好的方式，隐忍只会造成更多的伤害，最好的方式是引导孩子如何应对。

| 维护孩子，肯定孩子的价值 | 少批评多鼓励 | 认知灌输 |

一、维护孩子，肯定孩子的价值

当孩子拥有自我价值的时候，孩子才会勇敢地维护自己的权利，勇敢地保护自己。

记得小时候，有一次我在学校被其他孩子霸凌，那是我第一次被人打，内心十分恐惧。当时外婆看出了我的不对劲，于是她极力询问我到底发生了什么。后来，当外婆得知我在学校里被其他同学欺负时，当即冲到学校，当着我的面，外婆狠狠地斥责了那些男生，并警告那些同学不许再欺负我，否则就一个个找家长。

那次之后，学校里的那些男生再也不敢欺负我了，我也因为外婆的保护而变得非常勇敢。还记得当时外婆对我说了一句话："如果被人欺负一定要告诉我，我的宝贝是一定不能被人欺负的。"

父母的保护是孩子最大的底气，当孩子遇到欺凌时如果父母肯为孩子出头，那么孩子就会更有勇气，更有底气地生活。

之前，我家宝贝与朋友家的佩奇一起出门玩，佩奇总喜欢打我家宝贝。当时，我把孩子抱了起来免受伤害。后来在回家的路上，我告诉孩子"下次如果有人再打你，一定要告诉妈妈，你是妈妈的宝贝，是不能被别人欺负的，因为你被人欺负时，妈妈很心疼"。

父母需要肯定孩子在我们心目中的价值、在家庭中的价值。当一个人拥有足够的价值感时，他在面对一些侵犯伤害时，才有足够的勇气说"不"。

二、少批评多鼓励

在孩子自我意识形成之初，父母的批评会成为孩子自我否定的一种方式。

燕子的父母从小就采用批判式教育，因此长大后的燕子，凡事都会陷入习惯性自责。

在燕子小的时候，每当她犯错，妈妈非打即骂，甚至经常把她赶出门，威胁她再也不许这样。在批判式教育下，燕子形成了强迫性人格，当一件事情没做好时，她就会开启对自我的体无完肤的批判。

在孩子小的时候，他们就像一张白纸，父母怎么教孩子，孩子就会形成怎样的自我评价。如果父母给孩子输入的是批判式教育，那么孩子就会形成消极的自我暗示；如果父母给孩子输入的是肯定式教育，那么孩子就会形成自我赞赏的积极模式，当这类孩子遇到问题时，他们就会有内驱力鼓励自己渡过难关。

在长期批评下成长的孩子，需要用一生治愈曾经养成的消极习惯，而在父母肯定与赞美之下成长的孩子，他们则会拥有勇敢幸福的人生。

三、认知灌输

面对侵犯时该怎么做？如果孩子的思维里没有处理某件事情的方法，那么他是无法做出任何有效行为进行反抗或保护自己的。这就要求父母在平时的教育过程中，输入相关认知，告诉他们遭遇侵害时该怎么做。

当我家孩子遇到安全问题的时候，我会告诉孩子，当你被人打的时候，你可以评估对方是否比你大；如果对方比你大，那就要寻求帮助，或者赶快跑掉。

父母需要告诉孩子他可以选择的行为方式，而这是我们需要在日常生活中不断为孩子灌输的一个认知。最后，认知在孩子的思维里成形，孩子就会知道遇到某种情况该如何反应。

给孩子输入生活的认知是为孩子未来生活奠定基础，也是为孩子解决更多的各类的麻烦奠定基础。

孩子心理受挫，如何快速恢复信心

前一段时间，听朋友说公司有个实习生因为被老板骂了几句选择了跳楼。后来，我们因为这件事讨论了很久，感叹着一个生命的逝去，也感叹着一个人内心承受力的柔弱。

在这个社会上，一个人的核心竞争力，除了包括个人的能力，还包括一个人受挫的能力。

这些年来，孩子因为父母责骂而选择结束自己的生命，成年人因为对方的一些辱骂而承受不住，最终自杀的例子屡见不鲜。

我们感叹着生命的逝去，同时，也感叹着现在的人的受挫力越来越弱。为什么人的受挫力都变弱了？

其实，很多时候与教育有很大关系。当父母把生活的苦与孩子隔绝开来时，那么，孩子会缺乏对生活的受挫力。

记得高中时期的我，主要任务是把学习搞好，其他的一切都不用操心。当时，爷爷经常对我说的一句话是"你不需要学会洗碗，也不需要学会洗衣服，你只需要把学习搞好就可以了"。于是"一心只读圣贤书，两耳不闻窗外事"便成了我的座右铭。

家人把我们保护得很好，于是，我们也把自己的孩子保护得很好，捧在手里怕摔了，含在嘴里怕化了。作为父母，我们都希望把生活的一切艰辛与孩子隔绝开来，让孩子生活在蜜罐里，但这会让孩子没有任何的受挫能力。一个拥有受挫力的人，在遇到问题时，会越挫越勇；而一个没有受挫力的人，当问题来袭时，他会选择趴倒不作为。

那么，如何培养孩子的受挫力呢？受挫力需要从一些小事上着手。比如，在日常生活中，我们需要从小事上锻炼孩子的受挫力，让孩子独立地完成一些事，让孩子从问题中、从挫折中寻找成就感。

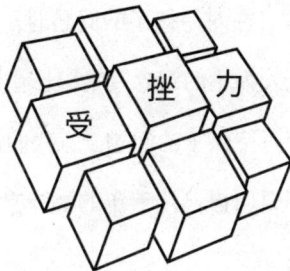

01 拒绝先入为主

02 放弃完美

03 肯定的言语

一、拒绝先入为主

在教育孩子的过程中，我们很容易形成先入为主的观念。比如，当孩子没把事情做好时，我们经常会对孩子说："你怎么连这个都不会？""这么简单的事还要我教吗？"

我们总以为事情很简单，孩子肯定会，不需要我们教；然而我们是否想过，自己当年学会这些东西用了多长时间？

前段时间，在小姨与表弟的对话中，我感受到了父母对孩子先入为主的看法。小姨说："你怎么连这么简单的问题都不会？"而当时表弟的回答是："你不教，我为什么会？你自己是一个大学毕业生，对你来说这些题目当然不算什么了；而我只是一个小学生，我只读了二年级，我又怎么可能一下子就学会？"

比起孩子，我们有着更多的生活经验、更多的学习经验，因此当我们看待孩子的问题时，更多时候，我们觉得很简单。于是，我们产生了先入为主的观念。

在对待孩子的问题时，我们要调动自己的同理心，而不是调动先入为主的观念。其实比起当年的自己，现在的孩子更加聪明。因此，在对待孩子的问题上，我们需要有点耐心，需要多为孩子示范几遍，不要用自己几十年的经验来评判孩子的对错，否则对孩子来说太不公平了。

二、放弃完美

这世上本就不存在完美，苛求完美的人最终都会活得很累。在孩子不断尝试的过程中，我们不要苛求完美，而是要求他们先开始。

遇到反复无常的朋友该怎么办

小丁最近情绪很不稳定，无论妈妈对他说什么，他都觉得很烦躁。后来，小丁告诉妈妈，最近自己遇到了一点小问题。周一的时候，同学邀请他去郊游，结果到了周三变卦了，周五的时候又说可以去了。

同学的反复无常让小丁很烦躁，他不断猜测对方的真实想法，到底是想邀请他，还是因为人数不够拉他凑数。

那么，当孩子遇到这种反复无常的朋友，面对反复无常的事情时，应该如何处理呢？

我想，无论孩子还是大人，遇到任何事情时，都应该拥有自己的一套原则，这样当他们遇到突发情况时就不会手忙脚乱了。孔子云："大车无𫐐，小车无𫐄，其何以行之哉？"说的就是一个没有诚信原则的人，就像车没了轮轴一样，是不能在世间行走的。

那么，作为父母，该如何教会孩子应对反复无常的朋友呢？

树立原则

为孩子设定规则，设定允许对方犯错的容错范围，这也是划清人际边界的一种方式。告诉对方，也告诉自己，你允许或不允许的范围，让别人知道应该如何与你相处。

围绕原则行事

当原则树立后，我们就可以让孩子按照原则行事；在原则范围内的，我们接受；不在原则范围内的，我们不接受。

一、树立原则

一个人的原则是与人相处以及一个人在这世上生存的基础，一个没有原则的人总是依附别人的期待而活。

前两天，朋友阿良跟我说了一件事，有个朋友向他借钱，他问我到底要不要借。我就告诉他，其实借不借都不是最重要的事，最重要的是需要明确自己对借钱这件事是否有自己的原则。

当一个人提出阿良这类问题时，其实就已经说明了他们没有自己的主见，比较依赖他人；想要从与他人之间的关系中寻找满足感，所以不知道自己要不要借。

一个真正有原则的人遇到这件事情时，会根据以往建立起来的原则行事，借或不借都是自己的选择。而没有原则的人是无法做出判断的，他们没有自己的标准、自己的原则，所以，遇到问题时他们就会显得很无助、很无措，认为自己没有选择。

为孩子输入原则是每个家长都需要做的，告诉孩子每件事情的标准是什么，每件事情应该树立的原则是什么，那么，当孩子遇到各种问题时，他们就能独自应对。

二、围绕原则行事

当原则树立后，我们就可以让孩子按照原则行事：在原则范围内的，我们接受；不在原则范围内的，我们不接受。

围绕原则行事的人是有高价值感的人，因为他们不依附他人的认同而活，而是为了自己而活。

我的表妹玲是一个特立独行的人，她很有自己的原则，也很有自己的想法。记得有一次，我们参加一场活动，因为种种原因，该活动延时了。在晚上10点的时候，表妹起身告辞说自己要回去了，明天要上班。当时气氛正好，所有人都在挽留，大多数人都因为被挽留而留了下来，而表妹坚持要回去。

虽然这看起来有点不近人情，但是她围绕着自己的原则而活，活得很轻松自在。

一个有原则边界的人能够与他人游刃有余地相处，而一个没有原则边界的人，则会被他人不断越界，最后使自己痛苦不堪。

在处理孩子的问题方面，我们不仅需要帮助孩子处理各种问题，更多时候则是需要为孩子树立各种原则，让孩子离开我们后也能自动自发地解决各种问题，这才是教育真正的成功之处。

情窦初开时，父母该如何引导

在初中的时候，班上有一个男同学给我写了一封情书，当时我还处于懵懂状态。这封情书，我顺手放进书包，压根儿就没有看过。

结果有一天，我不在家的时候，爷爷翻开了我的书包并发现了情书。当我从外面很开心地跑回家时，却发现全家人都在议论我。

大家把我叫到一起，开了一个家庭会议，爷爷开始对我提出建议，并批评我早恋。奶奶也开始分析早恋的危害，姑姑、叔叔也纷纷对这件事表达了自己的建议。

当他们面对着我拿出那份情书，侃侃而谈情书写得有多肉麻时，我真的很想说"我还没有看过呢。"那段经历对我来说真的太糟糕了，甚至当时被"批斗"时，我还想着"要不我去谈谈恋爱算了，气死我了"。

当孩子遇到异性表达好感时，父母的反应大多是批评指责与过度放大。然而这样的经历与感受真的是糟透了。在孩子情窦初开的阶段，也是孩子叛逆期的阶段，如果父母予以批评指责，很可能导致孩子更为叛逆。

在孩子情窦初开的阶段，当孩子面对异性的示好时，真正行之有效的做法是用结果进行引导。

小静在上学时期对一个男生有好感，妈妈知道后并没有批评指责她，而是带着小静去买衣服。当她们来到第一家店时，小静看上了一件自己非常喜欢的衣服，这时妈妈告诉她说："再多逛逛，说不定下一家的衣服你更喜欢。"

于是，小静就跟着妈妈逛了一个下午。后来，她们逛完了所有的店铺之后，妈妈又带着小静返回了第一家服装店，而小静却发现自己没有那么喜欢这件衣服了。这时，妈妈对小静说："在你情窦初开的阶段，你看上了一个自己非常喜欢的人，也许，这是你现阶段认为自己最喜欢的，然而人的一生很长，当你走过了许多风景后，你会发现最初喜欢的那个人并不是你真正喜欢的。因为随着思维层次的提升，你会找到自己真正喜欢的。要不，我们再看看？"

之后，小静拒绝了那个向她表达好感的男生。

对于青春期的孩子，我们要少提建议，多用结果引导。大多数父母对孩子经常讲的话是"你应该这样"，"你应该那样"。

对于青春期的孩子来说，建议就是批评。父母如果直截了当地把建议告诉青春期的孩子，孩子不但不会听你的，反而会故意犯错。当他们出错的时候，他们会对你说："你看，我就是按你说的做的，我做错了，你的建议也不怎么样嘛！"于是，孩子更不想按照你的想法做了。

直接建议的方式，无法提升孩子的认知，也无法让孩子为自己的事情负责。那么，父母该怎么做呢？

提供结果引导！父母要帮助孩子进行分析，将可能的结果列出来，让孩子自己选择。一般情况下，孩子想要早恋，如果父母为孩子分析早恋的结果，那么他们很快就会打消早恋的念头。

遇到孩子的问题时，最好的方式不是说教，不是批评指责，而是为孩子分析每一个选择背后他们需要承担的后果。

处于青春期的孩子，当其他异性对他们示好时，我们可以用结果引导的方式教育孩子：

这件事你是怎么想的？

你喜欢哪种选择，还有没有其他的可能？

如果这么做的话，你需要承担什么后果？

不同想法，不同选择，造就不同结果。

父母提供结果引导的方式能够增加孩子的认知；同时，能够让孩子为自己的人生负责，而不是父母一直追在孩子的身后为孩子的人生负责，这是有着本质差异的。

一个是孩子愿意主动选择、主动负责，一个是孩子被动选择、不愿负责。这是孩子的人生，请将选择权交给他们吧。

第四章

▲

家长陪伴会引导，孩子学习有动力

梦想是孩子自律的基础

表弟高考落榜的时候，小姨显得焦头烂额，她想让表弟复读，可是又害怕表弟再考一次依旧落榜；小姨又不甘心让表弟直接读大专，怕他以后不好找工作。小姨很是纠结，后来她找我来咨询这个问题。刚好在此前的书友会上，有一个宝妈也遇到了同样的苦恼。我告诉小姨，是否复读，是否读本科，并不是表弟现阶段最需要思考的问题；挖掘孩子的梦想，激发他们的渴望，才是现阶段最重要的事。

无论孩子处在人生的哪个阶段，梦想都是至关重要的，高考只是孩子人生的其中一个阶段而已。如果孩子的人生没有梦想，那么做任何事情也就失去了意义。

表弟的问题，并不是解决复读问题，而是灌输梦想，让他对生活产生强烈的渴望。如果表弟拥有梦想，那么复读或不复读都是一个正确的选择。因为拥有梦想，就会促使一个人越过所有他想越过的困难，得到他想要的生活，最终实现梦想。

梦想是激发孩子的原动力。接下来的 3 个方法，可以很好地激励孩子：

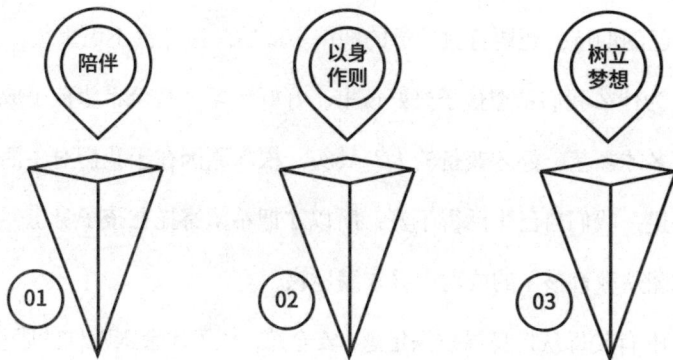

一、陪伴

我们需要为孩子腾出固定陪伴的时间，比如每周两次，以孩子喜欢的方式陪伴。就像我们之前说的，陪伴拥有普遍性和稀缺性的特点，普遍性就是在陪伴的过程中，孩子感受到来自父母的爱，父母愿意陪伴孩子，因此孩子也愿意做出改变。稀缺性是在父母的陪伴下，孩子与父母相互了解，孩子愿意说出自己内心真正的想法，父母也了解孩子最在意的东西。

二、以身作则

树立梦想，以身作则是最重要的。你无法为孩子描述自己没有到达的远方，同样你也无法引领孩子到达你未曾企及的高度。

人们常常说："龙生龙，凤生凤，老鼠的孩子会打洞。"我们望子成龙，望女成凤；我们都盼着孩子能够变成自己期待的样子。于是，我们把所有的期待都寄托在孩子身上。可怜的孩子不仅要背负自己的期待，还要背负父母的期待。最后，往往会不堪重负。

为什么我们希望孩子好好读书、好好学习，甚至希望孩子成为一个多才多艺、德才兼备的人？其实，根本原因在于我们对生活的不满足，我们自己生活得不好，所以才把希望寄托在孩子身上，我们试图从教育孩子的成功中寻求满足感。

唯有父母从自身寻找满足感、安全感，孩子才会跟随你的脚步，变得与你一样优秀。

三、树立梦想

为什么孩子做作业总需要父母催？大多数原因是他们认为作业是父母的责任，不是自己的责任。"是你逼着我做作业的，不是我自己想做的"，因此，当父母逼着孩子做作业时，孩子不开心，父母也不开心。

既然这么累，为什么不能让孩子心甘情愿地去做呢？其实，根本点在于我们没有激发孩子的梦想。

樊登老师在教育孩子的时候，同样采取这种方法。樊登老师经常与儿子一起阅读，当读到《爱因斯坦传》的时候，儿子告诉他，长大后他想成为像爱因斯坦一样的物理学天才。樊登老师以此激励孩子努力读书，儿子也变得非常自律，不需要过多的催促，就能独立完成作业。

想要孩子自律，先提升孩子的自重感

孩子的自重感，就是孩子的自体感，是孩子自己感觉自身很重要的一步。自重感是孩子提升自我价值感的关键，而自我价值感的提升从一定意义上等同于提升孩子的自律水平。

提升孩子自重感主要有两种方式：

- 输入肯定的言语
- 提升孩子的自我肯定意识

一、输入肯定的言语

提升孩子自重感的关键在于父母在日常生活中要学会尊重孩子、鼓励孩子，为孩子输入肯定的言语，这是孩子形成高自我价值感的关键。

记得小时候我的生活中常常会出现这样的情景，如果妈妈跟别人交谈时，我发表了自己的意见，妈妈会不耐烦地对我说："小孩子懂什么，一边去。"

很多父母不重视、不尊重，也并不在意孩子的意见。慢慢地，孩子忽略了自身意见的重要性，在与他人相处时，也认为自己无足轻重，渐渐地变得价值感低下。

尊重是每个人所渴求的，孩子也不例外。哈佛大学心理学教授威廉·詹姆士说："人性至深的本质是在渴求别人的尊重。"

盖瑞·查普曼博士也在《儿童爱之语》一书中说道："孩子的爱语总共分为五种：亲密的接触，肯定的言语，精心的时刻，礼物，服务的行动。"查普曼博士强调肯定的言语对孩子的重要性，是孩子的根本需求。

作为人，我们有生存的需求。同样，肯定的言语也是人的根本需求之一，因此，父母需要每天给予孩子肯定的言语。

希鲁姆·W·史密斯在研究人性的瘾时说道，瘾根源于未被满足的需求。在《信念力：你的人生从此不同》一书中，他提到有一个男孩为了得到父母的关注，于是把自己的头发留得很长，他想要通过这样的方式引起父母的关注和重视。然而，这样的方式并不能满足他的渴求。相反，父母因为他的另类举动，不仅没有赞赏他，反而表现得更加反感。

当人的需求无法得到满足时，就会往自己的思维里灌输很多错误的观念，很多自认为能够满足渴求的假设——"如果我这样做，我就能得到父母的赞赏"，"如果我这样做，就能得到父母的重视"。

这是当孩子的需求无法满足时产生的执念。于是，错误的思维导致错误的行为，错误的行为造成错误的结果。最后，根源的需求一直无法得到满足。

最近，我向一位心理学界非常著名的医生请教了一个问题：为什么人会发疯？这位医生坦然地对我说，他也不知道确切原因。他告诉我，很多发疯的病人能够在发疯的状态中找到现实生活中难以得到的显要感。

我身边也有一个曾经进过精神病院的朋友，她叫娜娜。有一次，我们促膝而谈。她告诉我当她处于癫疯状态的时候是非常愉悦的，因为当时的她幻想自己是一个女王，作为女王的她能够轻而易举地满足别人的愿望。

疯掉的人都有一个状态，那就是从癫疯状态中寻找显要感。一个人甚至可能因为无法得到他人肯定而发疯，可见显要感对一个人来说是多么的重要。由此可见，在提升孩子自重感方面，肯定的言语是必不可少的。

在我的读书会上，我曾探讨过一个主题：赞赏的力量。当我询问大家，有谁喜欢被人赞赏时，在场的人无一例外地举起了手，大家都纷纷表示自己想要得到他人的赞赏。他们愉悦地描述着被人赞赏时的快乐心情，并表示被人赞赏后所获得的正能量让他们变得更加自信，更加富有创造力。

肯定的语言是一种能量，当我们鼓励孩子的时候，其实也是在为孩子传递一种积极向上的能量，而这种正能量是孩子形成自我高评价的关键。

二、提升孩子的自我肯定意识

随着孩子一步步长大，孩子开始拥有了自我独立能力，然而父母对孩子还是不放心，我们担心他们没有办法完美地完成一件事，害怕他们把事情搞砸。于是，我们事事亲力亲为，事事包办，殊不知我们毁掉了孩子一个树立自我成就感的重要方式。

心理学家弗洛伦斯·妮蒂雅曾提到过一个小故事。她说，有一个妈妈向她抱怨说自己的孩子啃老，孩子每天不务正业，只会开着车到海边冲浪。

弗洛伦斯问这位妈妈："孩子的钱是哪里来的？"

妈妈说："我给他的。"

弗洛伦斯问："他的车子又是从哪里来的？"

妈妈说："我给他买的。"

弗洛伦斯又问："那他的冲浪设备是从哪里来的？"

妈妈回答："我给他的。"

最后，弗洛伦斯说："这就都对了，你事事包办，哪还有孩子发挥的余地？"

包办给孩子传递的信息是"我不相信你有能力把事情做好"，

不利于孩子树立自我成就感。在父母的亲力亲为下，孩子失去了成就感的来源，价值感也变得很低，最终变成一个不负责任，又无法为他人负责的人。

父母要明白，孩子是自己生下的，然而，我们没有办法陪伴孩子一辈子。因此，我们不能事事包办，需要教会孩子独立地面对生活，教会他们各种技能，以及教会他们为他人负责的能力。让孩子在生活中寻找成就感，让他们成为生活的赢家，而这也正是孩子摆脱成瘾的重要方式。

多数孩子之所以对游戏成瘾，是因为他们无法从现实生活中得到成就感，于是只能从游戏中找寻成就感。

孩子非常需要来自父母的肯定。记得去年腊八节的时候，我的儿子帮我一起做汤圆，他的小手搓着汤圆，然后一个个成形。我看到后，欣喜地称赞道："哇，宝贝，你好棒哦，你会做汤圆呢，你做的真是太漂亮了。"说完，我看着他那圆嘟嘟的脸蛋，忍不住亲了一口。

听到我的夸奖后，孩子脸上露出了愉悦的微笑，仿佛是在说："是的，我就是这么棒。"

之后，每次的手工，孩子都很积极地参与进来，甚至他还会催促着我说："妈妈，我们什么时候可以再做手工？"他对此十分期待，因为他从做手工中得到了妈妈的肯定。

给孩子提供做事机会是树立孩子价值感的重要时机，也是孩子自我展现的一个重要方式。孩子会在做事过程中感受到自己的价值感，而这种价值感会帮助孩子形成对自我的高度评价，这也是孩子形成高自尊的基础。

很多父母说孩子无法自律，殊不知，孩子的自尊水平越高，他的自律度就越高。只有高自尊的孩子，才会真正拥有自我约束的能力。

完成比完美更重要

曾经有一位长老，想从自己的徒弟里挑出一个能够继承衣钵的人，他对两个徒弟说："你们去森林里寻找一片最完美的叶子，把它拿回来给我。"两个徒弟遵从师父的指令，先后进入了森林，没过多久大徒弟回来了，他递给师父一片看似并不完美的树叶，然后告诉师父："这片树叶看起来确实是不完美的，然而在我看来它是很完整的。"

师父等了很久，天慢慢黑了，小徒弟空手而回。小徒弟告诉师父："我找了很久，但是我并没有找到最完美的树叶。"最后，师父将自己的衣钵传给了大徒弟。

世界上本就没有完美之事，对于完美的盲目追求，将会让人错过很多机会。

前些日子，闺密娜娜告诉我，她想在这个夏天学会游泳。为了学游泳，娜娜把准备工作做得很完美：她上网挑选游泳装备，从泳镜到泳帽，再到泳衣，都备齐了；她浏览一些游泳网站，学习各类游泳姿势；她向各大健身房询问报游泳课的价格，货比三家。

当娜娜觉得自己的准备工作很完美之后，夏天过去了，天气逐渐转凉，她已经没有游泳的欲望了。

如果我们做任何事情都要准备完美之后再行动，那么是很难真正开始行动的。教育孩子也是如此，如果父母总是批评孩子，对孩子苛求完美，孩子就会陷入对完美的错误追求，从而迟迟不敢迈出第一步。

积极心理学之父塞利格曼说过："中国的学生非常聪明，智商很高，成绩很好，但创造力不尽如人意，其中一个原因就是老师、父母都对孩子强调服从，要求孩子按照自己的指令去做。而创造力就是不循规蹈矩，另辟蹊径去做事。如果孩子们从小就习惯于用同样的方法去解决问题，而且老师、家长都告诉他们，只有这唯一的方法是正确的，那又怎么会有创造力呢？"

很多父母对我说孩子没办法坚持完成一件事，做事总是三分钟热度，无法自律，他们总是需要逼迫孩子，孩子才能完成该做的事。我想说的是，在我们逼迫孩子，在我们认为孩子无法自律时，是否想过，真正的自律是不需要坚持的。

我从 2019 年开始写作，在那一年的时间里，我没有任何的收入。写了一年后，我相继与一些平台签订了合同。那时让我印象深刻的一件事是爷爷对我说："宝贝你好棒，你坚持了整整一年才有现在的成果。"然而，听完爷爷的话，我并不觉得欣喜若狂。我说："爷爷，其实对我来说根本就不存在所谓的坚持。当你不喜欢做一件事时才叫坚持，而当你喜欢做一件事情时，做这件事情本身就是一种奖赏。因此，不存在所谓的坚持，而是享受。"

如果孩子需要逼迫才能完成一件事，说明这件事本身就不是孩子喜欢的。当你喜欢上一件事，即便看到这件事有诸多不完美的地方，你仍然会去做，这才是真正意义上的喜欢。

有一天，爱迪生的妻子看他很疲劳的样子，于是说道："亲爱的，请答应我，明天去一个你最喜欢的地方，好好放松一下可以吗？"

爱迪生满口答应，结果第二天他又去了实验室。

爱迪生的妻子看到后怒不可遏，她谴责爱迪生说："我不是让你去一个你自己最喜欢的地方放松一下吗？"

看着愤怒的妻子，爱迪生感到莫名其妙，说道："就是这里呀，我最喜欢的地方就是这里。"

当你真正喜欢一件事，就会很享受做这件事情的过程，享受它带来的乐趣。对于教育孩子的问题，这个乐趣就是父母需要给孩子一定的容错空间，不苛求孩子，给他们一定的自由度，给孩子的创造力插上翅膀，让他们勇于尝试。最后，孩子一定会发现自己真正喜欢的事情并乐在其中。

为什么孩子面对杂事就会焦虑烦躁

　　某次，我在医院输血的时候，隔壁床有一个小朋友叫兜兜，他正在写作业。那天，兜兜因为老师布置的作业太多太杂，变得烦躁焦虑，甚至哭了起来。据兜兜的妈妈说，这就是他的日常生活状态。遇到杂事堆在一起的时候，就会出现焦虑烦躁的状态。

　　其实，孩子之所以变得焦虑，正是因为他们没有处理好优先次序问题。很多人都认为优先次序就是事情的先后顺序，不就是给事情排个顺序嘛，这有什么难的？其实不然。优先次序，除了给事情排个顺序，按照事情的优先次序做事，更重要的是在一个人的认知里，他有着什么是重要的、什么是不重要的认知。

　　人格健全的人在遇到问题时，他们的反应是：我如何解决问题？而人格不健全的人遇到问题时，他们的反应是：我没办法，我要放弃。于是，他们肆意地发泄情绪。焦虑、暴怒、闷闷不乐、情绪低落，这是人格不健全的人被情绪控制时的正常反应。

人格不健全的人肆意发泄自己的情绪，结果招致更多的消极情绪，最后陷入情绪的死循环无法自拔。人格健全的人遇到问题，会先静下心来，然后切换思维，解决问题，最后，随着问题得到解决，坏情绪自然而然也就没有了。

因此，当孩子处于烦躁焦虑状态时，需要启发他们解决问题的能力，健全孩子的人格。具体方法如下。

一、确定优先次序

人的焦虑根源于人格不健全，没有层次感，试图胡子眉毛一把抓，最后陷入焦虑之中。表姐对我说，整个暑假都觉得自己很崩溃，因为该做的事情没做，不该做的事情做了一堆。后来当我询问她最想做的是什么时，她说：陪伴孩子、发展事业与个人成长。我问她："那你觉得这三件事哪件最重要？"表姐说："都很重要。"

当一个人想同时完成所有的事情时，就会陷入焦虑之中。最后，你什么都想做却什么都做不成，于是更加焦虑。那么，与其如此，不如先确定自己的优先次序，确定哪个是最重要的，哪件事情是你必须着手做的，哪件事情是可以选择最后做的。当你把优先次序理清楚，把最重要的事情做完，焦虑也就不复存在了。

孩子也是一样的，当孩子还没有优先次序意识，所有事情就像一团乱麻一样摆放在他的面前，他们理不清思绪，所有的事情都想做，又什么事情都做不好，于是变得焦虑烦躁。

避免焦虑最好的方式就是先确定你认为最重要的是什么，什么是你最想做的，对未来影响最大的，这才是能够撬动整个生活的核心事件。当你明白做某件事能为你产生 80% 的回报与结果时，你就可以引导孩子将时间花在这上面，久而久之孩子的时间就会变得最大化、最有成效感。这就是经典的二八法则。

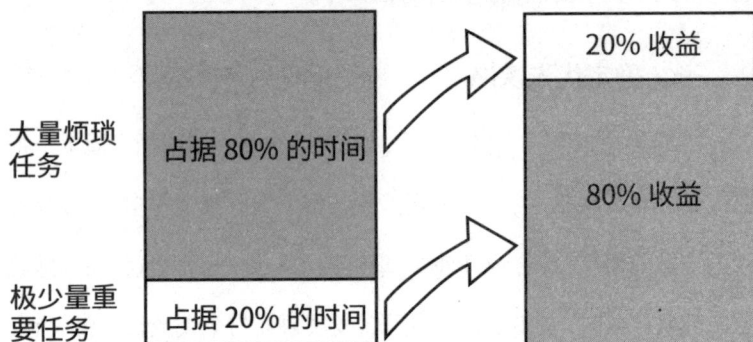

二、切换思维

在孩子焦虑的时候，父母需要正确地引导孩子。我们需要告诉孩子，与其花时间焦虑，不如花时间解决问题。焦虑、纠结往往最耗费时间和心力。

前段时间，舅舅因为给他人担保出现了一些问题。因为这件事，舅舅失去了奋斗多年得来的房子。当舅舅给妈妈打电话时，妈妈不停地责骂他。我告诉妈妈，与其花时间责骂，不如想一想如何解决问题。

我们需要引导对方解决问题而不是发泄情绪，而这也是需要我们教导孩子的。人格健全的人解决问题，人格不健全的人发泄情绪。

在孩子焦虑的时候，我们需要为孩子打开另一个世界的大门——解决问题的通道，而不是发泄情绪的通道。我们可以通过切换思维的方式引导孩子——我们现在应该怎么做，而不是对孩子说："发泄情绪吧，反正我们没办法。"

认知神经学博士卡洛琳·丽芙在《切换思维，改变人生》一书中说道，当思维发生改变，事情就会跟着发生改变，甚至人生也会发生改变。

三、引导孩子解决问题

遇到问题时，父母需要引导孩子，将解决问题的想法落实到行动上来，然后一步一步地解决问题。

就像帮舅舅解决为别人担保的麻烦一样，我后来咨询了律师朋友，朋友在这一块非常专业，他教会了我用什么样的方法把这件事情解决掉，一步、两步、三步，最后，这件事情圆满解决。

当孩子遇到问题时，我们可以采取分步骤的方式，一步步引导孩子解决问题。比如想要获得好成绩，并不是说考试要考多少分，而是落实到每天的学习知识点上，该学习哪些知识点，孩子是否对每个知识点都能够掌握，这是孩子应该关注的重点，成绩自然而然也会逐渐提高。

学会时间管理，轻松应对突发任务

最近，老师在班上弄了一个学习互助小组。小强学习好，于是，老师给他安排了一个任务，说是同桌数学不好，希望小强能够抽空给同桌补课。刚接受这个任务的时候，小强非常烦躁。一回到家，小强便把这件事告诉了爸爸。

我想，无论是孩子还是成人，都不喜欢被突然地安排上一个任务吧。突如其来的事会打乱我们的节奏与步伐，让我们不知所措，甚至烦躁不安。

当面对突发事件时，我们该教孩子如何应对这样的事情呢？

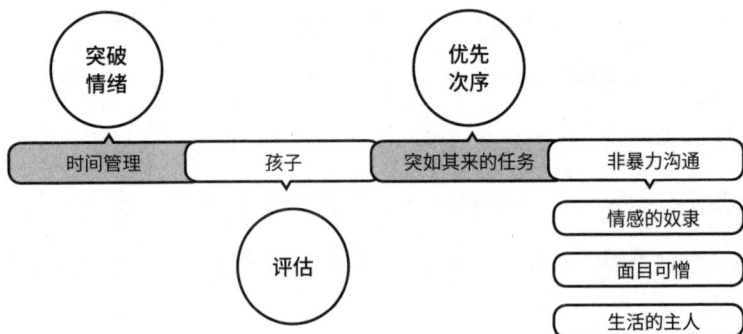

一、突破情绪

面对突如其来的任务，我们需要让孩子先放下自身的情绪。情绪往往是最没有用的，发泄情绪或者陷入情绪，也是最没用的，因为消极情绪无法解决任何问题。

小强被老师要求给同学补课后，情绪非常烦躁。如果一直陷入自身的情绪之中，那么，他不仅无法解决问题，还会让自己的生活变得很混乱。

在处理这件事情上，爸爸引导小强先放下自身的情绪，然后再处理问题。

前些日子，很久没有联系的朋友娟告诉我说，她想要换工作了。在询问到她为什么想要换工作时，她说道："老板总是给我安排很多任务，甚至在完成这些任务时，同事也会时不时地给我添加一些额外的任务。为了完成任务，我每天都要加班到晚上 11 点多，我真的不想再继续下去，要辞职。可是，我的老板告诉我，如果不解决自己优先次序的问题，到哪儿都一样。"

朋友面对这些突如其来的任务，只是基于情绪上无法忍受而选择了逃避的方式。

当遇到问题时，如果总是用情绪化的方式逃避，那么，人是永远无法得到长进的。因此，遇到问题时，我们需要引导孩子放下自身的情绪，否则，任何问题都无法得到解决。

二、评估

当孩子放下自身的情绪后，我们还需要增加一个为孩子评估的环节。

娟告诉我说："面对很多突如其来的任务，实在不好意思拒绝。在同事们看来，有些任务我能够完成；然而，有些任务在我心里却是没谱的，我根本没有办法完成它。但是大家认为我可以，于是我也接下来了，结果我搞砸了。"

当人应对突如其来的任务时，如果缺乏一个评估的环节，那么就意味着人会接下很多超出自己能力范围的任务，因此很容易把事情搞砸。

面对老师突如其来的任务，小强不愿意接，于是爸爸帮他评估说，这不是他的责任；但是在帮同桌补习时，也能提升自己对知识的掌控程度，于是爸爸让他承接了这个任务。

为什么一个人总想获得他人的认同，总是无法拒绝他人的请求呢？其实，根源就是一个人没有自我的判断能力，他们的认知是没有层次的，他们不知道这是自己的目标，还是别人的目标。

同时，当一个人的价值感低下时，很难拒绝别人的要求，因为会觉得自己不配，会觉得别人比自己重要，别人的事情比自己的重要。所以，会不断地接下别人的请求，完成对方的目标，而使自己痛苦不堪。

因此，我们需要给孩子设定一个评估环节，属于自己的责任范围就做，不属于自己的责任范围则不做；或者在完成自己的目标后，适当给予他人满足。如此，孩子做事、做人，才会有一定的层次感。

三、优先次序

在做出评估后，我们可以有所抉择。自己无法做到的事情就勇敢地拒绝，自己可以做到的事情就安排时间，在排列优先次序之后，尽量完成。

小强在确定不影响自己的学习的状态下，安排了周六下午的两个小时给同桌补习数学。

在优先次序这一项，我们需要在满足自己生活的条件下，满足自己工作的基础上，适当满足对方的要求。只有这样我们才能成为自己生活的主人，而不是被所有的突如其来的任务占满时间，让自己变成任务的奴隶。

这是孩子未来应对生活的原则，也是我们需要告诉孩子的应对生活的方式与方法。当孩子没有应对生活的方式方法的时候，面对一些突如其来的事情，孩子就会处于很无助的状态，他们不知道该怎么做，于是被生活绑架。

在《非暴力沟通》一书中说道，人的成长需要经历三个阶段：

1. 情感的奴隶

处于这个阶段的我们，总觉得需要为他人的快乐负责，让他人开心是我们的责任。于是他人不开心时，我们总觉得自己要做些什么，于是被他人情感绑架。

2. 面目可憎

这个阶段的人，不断地迎合他人。于是，日子变得非常的憋屈，我们会感到恼怒，对他人的情感或者感受无动于衷。开始不愿委曲求全，不愿委屈自己满足他人。

3. 生活的主人

既能满足自己，又能关注他人的感受。

想让孩子成为生活的主人，我们需要引导孩子从情感中、从情感绑架中脱离开来，做生活的主人；不因为他人的要求、他人突如其来的请求，打破自己对生活的掌控感。

孩子三分钟热度怎么办

前两天，闺密丹向我吐槽自家孩子的状态，她说："我的孩子才上小学一年级，就换了好几个兴趣班，每次都吵着要学新东西，可每次他都无法坚持下来。每次折腾来折腾去，浪费了不少钱不说，更可恶的是到头来他什么都没有学会。孩子这样三分钟热度，我该怎么办？"

这是许多父母都很苦恼的一件事。孩子总是容易被新鲜事物所吸引。于是，在一件事情上始终无法坚持，做事三分钟热度。

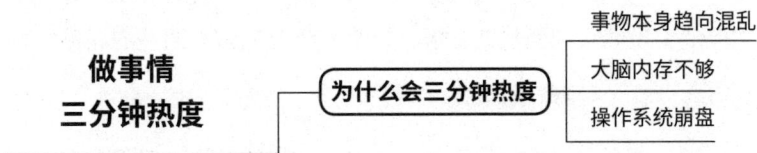

**做事情
三分钟热度** ——— 为什么会三分钟热度

事物本身趋向混乱
大脑内存不够
操作系统崩盘

其实，这并不是孩子的错。不仅是孩子，大多数成年人做事也是如此。记得有一次，在我的书友会上来了一个男孩，听说我是一名作者，他的眼睛都被点亮了，兴高采烈地说："我对写作也非常感兴趣，我的梦想也是成为一名作家，我也很喜欢写作。"

接着他开始描述自己的写作梦想，他的眼里闪着光，激动之情溢于言表。待他讲完后，我询问道："那你现在还在写作吗？"他回答说："我没做了。我就做了一段时间，但是没有坚持下去。"

随着社会发展步伐的加快、信息化水平的提高，人们逐渐进入了一种"快餐式"的生活，我们变得越来越浮躁。做任何事情我们都希望能够"快"一点，于是，我们希望能够寻找一个快速解决问题的通道，寻求快速的生活方式。

在这样的状态下，我们希望自己的需求、快乐能够即时性地得到满足。因此，很少人会有耐心坚持做一件事情，坚持付出时间、精力。然而，一味追求短期性的满足，忽略长期性的效益，那么就很容易陷入对事物的成瘾之中。于是，孩子有游戏瘾，成年人有电视剧瘾、烟瘾、酒瘾、游戏瘾、小说瘾，这都是追求即时满足的结果。

希鲁姆在《信念力》一书中说道："瘾，是一种强迫性的行为，它伴随着短期获利而长期有害。"当人过度追求短期性的满足，就会很容易陷入对瘾的追求。

瘾，是人寻求即时性满足时，产生的惯常行为。表面上看，很多人都关注于自己的上瘾行为，然而我们往往忽略了形成行为背后的根本原因。从最深层次来看，瘾，根源于未被满足的需求。

很多父母希望孩子能够摆脱三分钟热度，能够坚持做成一件事，然而一个人能否坚持，在于是否受到有效的引导。

做事三分钟热度，是一种普遍的社会现象。从心理学领域解释，做事三分钟热度的人，意味着无法做到延迟满足，而成功恰恰是需要克服即时满足，一步一步累积的。实际上，我们可以按照下图的示意，利用孩子的三分钟热度，唤醒他持续的动力。

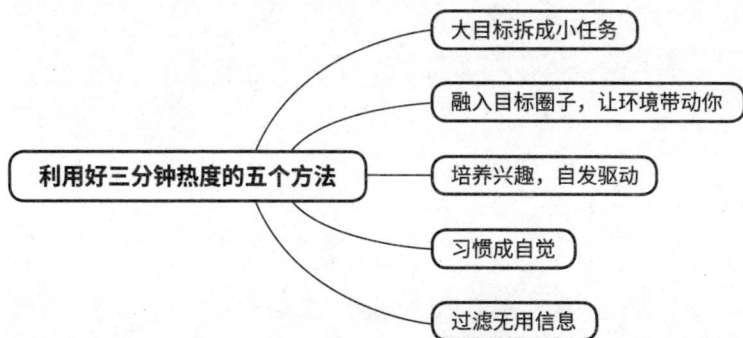

大目标拆成小任务

融入目标圈子，让环境带动你

利用好三分钟热度的五个方法 —— 培养兴趣，自发驱动

习惯成自觉

过滤无用信息

第五章

▲

集中精力认清孩子
的常见心理问题

"我不行，我不配"，孩子资格感缺失

在厦门的街头，我见到一位妈妈把孩子扔在路边。她拼命往前走，孩子跟在后面哇哇大哭。

大概很多人都有这样的体会，也是在这样的场景下长大的。小时候，我们经常被父母威胁"如果你再这样，我就不要你了"，"如果你再这样，我就不爱你了"……长大后，我们就陷入了资格感低下状态。

在心理学中，资格感缺失是一种心理疾病，情绪化的表述就是"自卑"，但又和自卑存在很大的区别。自卑是对自身缺点的心理暗示，而资格感缺失是对情感对等性的自我怀疑而导致的病态心理。

资格感低下的人常常觉得自己"配不上"，自己没价值，不配拥有一切美好的事物。资格感低下的人在收到礼物时，第一反应不是开心、兴奋，而是焦虑，因为他们觉得自己配不上。表达感谢收下礼物之后，脑海中的想法就是如何回报对方，如何用同等的价值回馈对方。

除了与人交往上的障碍，资格感低下的人在择偶方面也会面临很大问题，这一点也会让孩子的未来蒙上阴影。

我认识一个女孩，在与异性相处的过程中，总是遭遇对方劈腿，因为这种状况，女孩变得郁郁寡欢。在咨询了心理医生后，她才明白根源在于原生家庭。在她的成长过程中，从没有得到父母正常的爱，导致成年之后，遇到的男孩不是家暴，就是劈腿。

在女孩的潜意识里，已经习惯了不受宠爱，因此，她并不习惯正常的男女关系。她的回路牵引着她找到一个又一个不爱她的人，这就是痛苦的习惯回路，在心理学上称为强迫性重复。

强迫性重复是心理学家弗洛伊德1902年提出来的心理学概念，指的是一个人固执地重复着某些似乎毫无意义的活动，或者反复重温某些过去的痛苦经历。

那些有着痛苦经历的人，通常还会重复过去的痛苦，他们的脑回路里形成了痛苦的习惯回路，所以他们会不断制造这样的情境，以重复同样的生活。只有如此，他们才会觉得有安全感，因为过去的痛苦经历是他们所熟悉的。

英国精神分析家琼斯把强迫性重复定义为："一种盲目的冲动，重复早期的经验与情境，无关乎能否得利，也不管引起的是快乐或痛苦，不管这种行为危害多大，或多么具有毁灭性，个体总是被迫一再重复它，而自己的意志根本无能为力，控制不了这种强迫性。"

当这种疾病越来越严重，甚至会出现自杀倾向，他们认为自己没价值，内心对自己最大的感受就是：我不配为人。他们中绝大多数人会对生命的价值产生怀疑。最后，绝望地结束自己的生命。

写到这里，我想起了一部很有名的电影——《被嫌弃的松子的一生》，主人公悲惨的人生真是让人唏嘘不已。

除了觉得自己配不上，资格感低下的人还习惯性进行自我评判。朋友告诉我："爸爸经常对我说的一句话是'你考得好，我就爱你；考得不好，我就不爱你'。"

长大后，朋友经常活在自我评判里。当她打算做一件事情的时候，总会在内心反复地琢磨，这件事情到底有没有价值，有价值，我就做；没价值，我就不做。当她遇到喜欢的人，如果这个人能够给她回馈，就爱他；否则，就不爱他。

朋友的内心总有那么一杆秤，她用这杆秤衡量他人能够给她带来什么，以及自己的付出能否得到回报。

朋友的童年无疑是不幸的，因为爸爸对她的爱是有条件的爱，只有她优秀，爸爸才会爱她；只有她优秀，爸爸才会给她钱。于是，朋友把优秀等同于爱，把爱等同于金钱，以至于后来，每做一件事都要反复衡量现实价值。

朋友的自我评判根源于资格感缺失，资格感缺失根源于缺爱，因为缺爱，所以想要努力证明自己的价值，努力证明自己是值得被爱的。

"我不行，我不配"是资格感缺失时人的惯常表现。而很多父母都会忽视这个问题，他们不懂，所以在不经意间给孩子造成了一生的伤害。

那么，什么是无条件的爱呢？

一个人有没有价值，他都有被爱的权利。就像孩子，无论乖不乖，或者是否做着父母想要他们做的事，也都有被爱的权利。

作家弗洛伦斯·妮蒂雅说过，教会孩子无条件地爱，是每个父母都必须学会的。她在书中写道："当妹妹把哥哥的书本弄坏，当妹妹把泥土倒进哥哥的碗里，哥哥总会对妈妈说：'妈妈，我爱妹妹，虽然她并不可爱，但我依然爱她。'"弗洛伦斯·妮蒂雅的儿子每次说爱妹妹的时候，他都是咬牙切齿的，但是每说一次，他对妹妹的爱就会更深一些。

这就是无条件的爱，爱他人原本的样子，即便知道对方有缺点，即便知道对方的缺点是你难以忍受的。但你依然愿意爱他，愿意接纳他，这就是爱的本质，无条件地爱他人。

无条件地爱孩子吧，并教会孩子无条件地爱，这是孩子未来生活的底气。

对赢的执念是孩子的心魔

每次与 4 岁大的儿子玩警察游戏的时候，他总会陷入对赢的执念，他总喜欢在游戏里赢过我。他所扮演的警察，每次跟敌人（我）打架时必须要赢，否则就会乱发脾气，自暴自弃。

小时候，每当他做错事情，我都会严厉地批评他。以至于后来，当他逐渐长大后，总会陷入对赢的执念、对正确的执念。当他做错事情的时候，他总觉得自己会失去妈妈的爱，于是他撒谎，否认自己做错了。

在我的书友会上，朋友们也多次向我反馈，表示她们的孩子也会出现同样"输不起"的情况。在玩游戏的时候，孩子也很喜欢赢过父母，不喜欢输。当他们在游戏中被父母打败时，他们就会暴跳如雷，甚至失控大哭。

当孩子处于缺爱状态的时候，就会陷入对赢的执念、对正确的执念，成年人同样如此。很多时候，成年人也会因为谁对谁错而大吵一架，双方各执一词，总想通过吵架证明自己的正确。我与老公也是这样，总是试图证明自己是正确的，紧紧抓住自己的立场，想要赢过对方，然而每次的结果都是不欢而散，非但没有分出胜负，各自的情绪都变得很糟。

为什么我们都想要赢呢？

一、爱的概念输入出错

对赢的执念根源于原生家庭概念的输入错误，当做错一件事等同于失去爱时，我们就很难逃出对这件事本身的执念。

想要逃出对正确的执念、对赢的执念，正确的爱的概念的输入必不可少，这就要求父母学会包容孩子的错误，无条件地去爱孩子。

二、沉没成本

沉没成本是一个经济学概念，是指已经付出的代价，包括时间、金钱、体力等。孩子对赢的执念，不仅是因为赢这件事情让自己受鼓舞，而且还因为自己在这件事情上有过投入。比如，孩子与人比赛跑步，他努力跑了，但是没有赢，难免会有失落感，所以这时候，孩子就会提出再跑一段，希望自己可以赢回来。

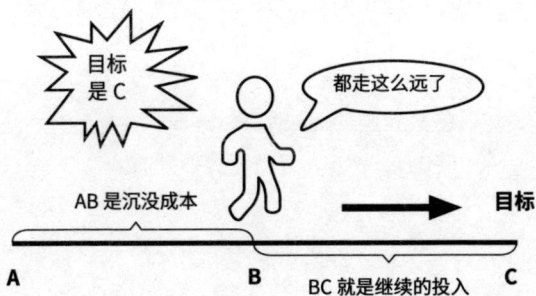

　　需要注意的是，孩子"输不起"的现象，只是他们漫长人生阶段行为表现中的一个很小的维度，孩子在成长，这种表现也会不断变化。在这个成长过程中，家长可以做的就是成为孩子坚强的后盾，慢慢地引导孩子，让他们学会用平常心看待输赢，更好地在输与赢之间相互平衡。

习惯性推卸责任，到底是哪里出错了

"这个花瓶是谁打破的？"

"不是我，是爸爸打碎的。"

有时候孩子明明做错了，他们却极力否认，甚至在父母看到了事实的情况下，依旧不愿意承认错误。更有甚者，会为了掩盖自己的错误而撒谎。

为什么孩子就是不愿意承认错误呢？

为什么他们做错了却还是那么犟呢？

在孩子成长的过程中，犯错是无法避免的，有的孩子在犯错后会主动承认错误；然而，相当一部分孩子在犯错后不愿承认错误，也不愿承担责任。相反，他们会想出各种理由推卸责任。

这是为什么呢？到底哪里出了问题？其实，孩子习惯性推卸责任背后有以下原因。

一、从父母身上继承

在小童磕磕绊绊刚学会走路的时候，摔倒是在所难免的，然而妈妈为了不让小童哭，就开始拍打"肇事"的凳子，从而让小童转移注意力。慢慢地，小童也学会了找借口，推卸责任。

在孩子成长的过程中，磕磕绊绊是在所难免的。如果父母为了让孩子不哭，就急于给孩子找一个替罪羊，如责骂或者拍打"肇事"的凳子，这样做只会给孩子带来负面影响。慢慢地，孩子就会开始找借口，推卸责任。而究其原因，都是孩子从父母身上学来的。

二、逃避惩罚

其实，在英文单词中"责任"一词是从"惩罚"演变过来的，因此，大多数时候承担责任的意义就被人为扭曲了，承担责任等同于承受惩罚。

人是不喜欢被惩罚的，因此为了躲避惩罚，无论大人、孩子都想赢，这是每个人想赢的初衷。为了逃避惩罚，孩子极力证明自己是对的，极力否认自己的错误；为了逃避惩罚，孩子编织出一个又一个的谎言。

成年人也是如此，为了证明自己是对的，紧紧抓住自己的立场，为自己辩护、争吵、推卸责任。我们把坏情绪转移到他人身上，把坏的结果归结到他人身上，最后只能导致与他人决裂，严重影响人际关系。

心理学界，有一个法则叫费斯汀格法则，说的就是任由坏情绪蔓延的结果。

有一天，一位丈夫起床洗漱将手表忘记在了洗手台上。妻子看到后，怕手表淋湿就将手表放在餐桌上。这时，孩子不小心将餐桌上的手表碰到地上摔坏了，于是丈夫一气之下打了孩子，并指责妻子多管闲事。

丈夫早餐都没吃就去公司上班了，结果发现自己的公文包没拿。于是返回到家中，结果想起自己的钥匙放在了公文包里，又打电话让妻子回来送钥匙。

妻子匆匆忙忙地往家里赶，结果撞上了路边的水果摊，她好说歹说赔了点钱，了结了此事。等到拿到公文包返回到公司的时候，丈夫已经迟到了，于是被扣了全额的奖金，妻子也因为给丈夫送钥匙而错失了满勤奖。而孩子因为早上被丈夫打，在比赛的时候发挥不好，被直接淘汰了。

为了躲避惩罚，我们总是试图掩盖错误，结果只会让负面情绪无限蔓延，最终酿成一连串的错误。

美国心理学家费斯汀格指出："生活中的10%是由发生在你身上的事情组成，而另外的90%则是由你对所发生的事情如何反应决定的。"

也就是说，如果我们可以控制自己的反应，勇敢承担责任，那么很多糟糕的事情都不会发生。

三、缺爱

小时候，当我们做错事情时，我们常会受到父母的责骂。长大后，虽然我们的身体长大了，但是，我们的心还依然停留在童年，我们还是那个害怕被抛弃的孩子。

见过马戏团里拴大象的小柱子吗？一头庞大的大象被一根细细的小木桩给拴住了。其实大象只要轻轻地移动一下，就能把小木桩连根拔起。然而，这头庞然大物却选择一动不动，因为在它还是小象的时候就被这样拴着。

被拴住的并不是大象，而是大象的心。我们也是如此，小时候害怕父母惩罚，害怕被父母冷待，于是我们学会了撒谎。长大后，我们极力否认自己的错误，试图证明自己是对的，极力推卸自己的责任。

这一切都是因为缺爱。无论成年人还是孩子，都会因为缺爱的不安全感而极力否认自己的错误。因为不安全感，我们试图证明自己是对的，因为只有对，只有优秀，我们才会得到父母的笑脸，才能得到来自父母的爱。

为什么孩子不愿意听你的

很多宝妈向我反馈孩子不愿意听自己的话，她们让孩子往东，孩子却偏要往西。最后，她们无能为力了，彻底撒手不管了。那么，为什么孩子不愿意听父母的话呢？我们是否想过这其中的缘由呢？之前读到一个故事，非常有趣。

一个精神病人爬到树上去了，院长见了，赶紧劝他下来，说道："你快点下来，不然我就把树砍掉！"然而，树上的精神病人却根本不为所动。

后来，另一个精神病人过来了，他冲着树上的人喊道："你快点下来，不然我就把树砍掉！"病人话音未落，树上的精神病人立刻从树上爬了下来。

院长见状不明所以，好奇地问爬上树的那个精神病人："为什么我与他说了同样的话，你却选择只听他的，不听我的？"精神病人淡然地说："因为他真的会把树砍掉！"

这是我看到过的一个小故事，很搞笑，但也充分说明了一个问题，病人之所以不愿意听院长的，却愿意听从同样是精神病人的人的话，这是因为对方真的会说到做到。同样，我们想让孩子尊重我们，愿意倾听我们的意见，最重要的因素是：我们是否掷地有声，言必行，行必果。

很多时候对待孩子，我们很容易陷入两个误区：

情绪化发泄　误区　　　　　误区　随意承诺

误区一：情绪化发泄

很多父母在面对孩子的问题时，习惯性地发泄自己的情绪，而不是在解决孩子的问题。于是，情绪化的发泄带来情绪化的结果。

最近，闺密丹向我抱怨，孩子越大越管不住了，越是批评吓唬，孩子越不愿意听、越叛逆。身为父母，我们是否为了让孩子听话，而说过一些威胁的话呢？

"你要再这样，我就不管你了。""你要再不乖，我就不爱你了。"或者我们总对孩子说一些具有攻击性的话："你就是一个不自尊，不自爱的孩子。""你就是烂泥扶不上墙。"

当你在说这些话时是否想过，你是想要发泄情绪，还是想要解决问题呢？大多数家长认为，只要不停地给孩子挑错，孩子就会变得越来越好。然而事实却是，情绪化的发泄方式会传染给孩子，他们也学会了用情绪化的方式处理问题。

最近，小宇变得很不听话，老师打来电话说他总是不按时完成作业。妈妈得知消息之后，和小宇交谈了一下，才明白了孩子的想法。小宇的理由很简单，自己就是不喜欢做作业。

通过解读小宇的表述，我们能够看出，他认为不开心就可以不做，不开心就可以随意发泄情绪。

问题的症结在哪里？原因还是出自父母。小宇的父母平时面对孩子的问题时，总是习惯性发泄情绪，结果也影响到了孩子，导致他们也会用情绪化的方式来处理自己的问题。

误区二：随意承诺

在孩子面前一定要说到做到，千万不要轻易许诺。这也是很多家长容易陷入的误区，殊不知会毁掉你在孩子心目中的威信，之后他们再也不愿意听你的话了。

记得有一次老公跟儿子视频："爸爸等会儿回家，给你买小熊酸奶喝。你看，就是这种，你喜欢吗？"说着在视频那头拿起一瓶酸奶对儿子示意道。

儿子看到后很兴奋，开心地说："好啊，喜欢，天天很喜欢！"

于是，在电话那头，老公与儿子商议着说买多少酸奶，以及小熊酸奶有多好喝……

儿子开心地期盼了一个晚上，整个晚上他都显得很兴奋。结果，第二天早上，老公到家后，当儿子兴奋地跑向他时，他却告诉儿子自己忘记了。可想而知，儿子是多么失望。

之后几天，我发现孩子再也不愿意听爸爸的话了，因为，他觉得爸爸说话不算数。

稻盛和夫说：品牌＝可靠度＋品质。父母的言行举止其实就是在给孩子树立品牌的一个过程。你想的、你说的、你做的，是否都是一致的呢？父母是孩子最好的榜样，也是对他们影响最大的人，所以千万不能陷入轻易承诺的误区。

我身边就有一个经常"满嘴跑火车"的朋友，每次都会跟我们吹嘘自己的生意有多大，实际上只是为了欺骗他人的钱给他投资。渐渐地，身边的朋友都不爱与他相处了，觉得他这个人非常不着调。后来，在一次偶然中，我们见到了他的父亲，两个人非常像，也是一个喜欢夸夸其谈、给人感觉很不靠谱的人。据说他爸经常向朋友借钱，之后干脆就不还了，甚至还认为借到就是赚到。在这样的家庭环境中成长起来，这个朋友也就成了今天的样子。

在孩子面前，如果做不到的事，千万不能轻易承诺，不要认为孩子小，无所谓，一会儿就忘了，这样做只会害了孩子，也会让自己失去在孩子心中的威信。

什么原因让孩子如此叛逆

日常生活中，经常让父母头疼的一件事情，就是孩子的叛逆。很多父母找不到问题的根源。其实不同年纪孩子的叛逆，原因各不相同。

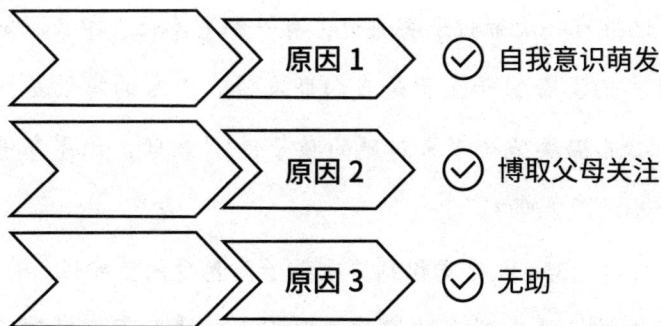

原因 1 ✓ 自我意识萌发

原因 2 ✓ 博取父母关注

原因 3 ✓ 无助

孩子叛逆的第一个原因：自我意识萌发

4—6 岁孩子叛逆的根源，属于自我意识萌发。

有父母对我说，孩子 4—6 岁就叛逆了，实际上这个年龄段的叛逆，并不是真正的叛逆，而是他们自我意识的萌发。

孩子不再像一两岁时的样子，只需父母的投喂就可以了，更多时候，他们有了自己的想法，开始对父母说"不"。

在孩子自我意识萌发的阶段，我们需要维护孩子的意愿度，他们不愿意做的事情绝不要强迫他；孩子不想分享的东西，不要强迫他们分享。否则，长大后孩子可能会形成资格感缺失的人格特征，会认为自己不配拥有好的东西，从而不会维护自己的权利，一辈子生活在自卑之中。

处于敏感期的孩子，我们需要对他们的意愿度进行维护。比如，当我们要求孩子分享的时候，需要在孩子意愿度的范围内进行。

记得有一次带孩子去海边，有一件事情让我印象深刻。当时我们没带铲子，于是我向朋友借。当时的场景是，朋友耐心而温柔地蹲下来对她的孩子说："欣欣，你愿意借两把铲子给天天吗？"

当时，我还没有意识到尊重孩子意愿度的重要性，因此，对朋友的做法感到十分诧异。因为一般情况下，当孩子不愿意分享时，家长都会强制分享，从不听从孩子的想法。

当时欣欣说："我借了，万一他不还给我怎么办？"

朋友回答道："会还的，不要担心！"

后来，在孩子玩耍的过程中，我发现欣欣的情绪很好。我想，这与他妈妈在借出玩具的时候的举动有很大关系。

孩子叛逆的第二个原因：博取父母关注

当孩子想要博取父母的关注的时候，就会形成某种退化状态。心理卫生学认为，出现退化状态也是孩子适应生活的一种表现。当孩子在日常生活中无法获得父母的关注，孩子就会形成退化。

退化状态就是指，孩子会通过退化到类似婴幼儿的行径来博取父母的关注。比如，5 岁的孩子突然要求喝母乳，10 岁的孩子又开始尿床。

朋友丹丹说："最近二宝出生后，大宝又开始作妖了，在妹妹喝奶时，大宝凑过来说也想要喝母乳；在妹妹换尿不湿时，大宝也凑过来说，他也要包尿不湿。"于是，朋友对大宝说："你烦死了，你已经长大了，不能再这样！"

为什么生完二宝后，大宝开始出现问题呢？其实，根源就在于孩子想要获得父母的关注。

很多时候，父母对于孩子的问题采取简单粗暴的制止方式。然而，大多数孩子的问题都源于他们的需求没有得到满足。那么，孩子都有哪些需求呢？主要有四种：关系需求、快乐需求、掌控需求、自我价值需求。

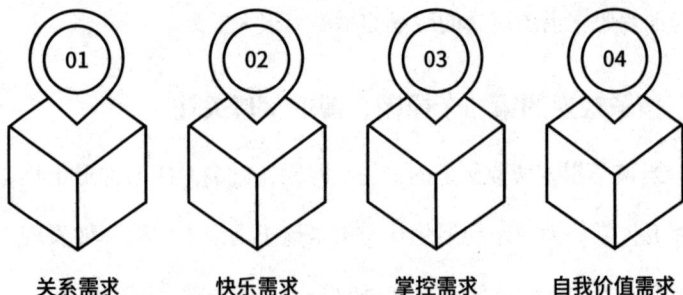

关系需求　　　快乐需求　　　掌控需求　　　自我价值需求

关系需求：孩子希望得到父母的关心爱抚。

快乐需求：孩子想要从父母那儿获得亲子关系的满足。

掌控需求：孩子希望能够对自己的生活有掌控感，决定自己的玩具是否分享，自己的事情自己做，等等。

自我价值需求：孩子想要得到父母的表扬、父母的肯定，以及孩子希望父母能够肯定自己在家庭中的价值。

很多时候，孩子出现问题大都基于这四种需求没有得到满足，这时他们就会以各种作妖的方式，变着法儿地折磨父母。

朋友的孩子晨晨今年都 11 岁了，但是他还是会尿床。后来，在和朋友出门旅游的时候，我们同晨晨住在一个房间。在晨晨与妈妈相处的过程中，我发现晨晨妈妈在陪伴孩子的过程中，要么是在玩手机，要么就是与我们聊天，关注点根本不在晨晨身上。在我们聊天的过程中，晨晨妈妈表达了自己的担忧，她说晨晨迷恋游戏，11 岁了还会尿床，她很担心，而且对于孩子的问题她感到无能为力。

在我的观察中，我发现晨晨很是缺爱，无论他怎么调皮，妈妈都会选择无视。最后晨晨只好沉溺于自己的手机，看起来真的很无聊。

晚上，我与晨晨、晨晨妈妈拼床睡，当时晨晨又尿床了，于是妈妈的关注点一下子就被吸引到晨晨身上。她开始数落晨晨："你都这么大了还尿床，你羞不羞啊？"教育完晨晨之后，就去睡觉了。我想，那是一天时间里，妈妈对晨晨说话最多的一次。

很显然，晨晨想要获得妈妈的关注，他想要得到妈妈的关心，想要妈妈陪自己玩。然而无论他做什么，妈妈都不会关注他。于是，妈妈越讨厌他做什么，他就越要做什么，只有这样，妈妈才会关注他。

孩子叛逆的第三个原因：无助

在孩子步入青春期的时候，他们的内心状态是无助的。他们突然长大了，身体的变化却让他们感到不舒服，男孩子们开始长出喉结，声音粗犷；女孩子开始发育乳房，出现月经，这些都让他们感觉到无措。从外表上看，他们已经长大了，成了可以为他人付出爱的人，然而他们的内心却依然停留在童年。

除了身体上的不适，青春期的孩子还面临着与人相处的问题。与同学之间的相处，异性开始对他们表示出好感，这些都让他们不知所措。

心理学家杰弗里·伯恩斯坦说："叛逆背后的心理动机是无助，

本质也是无助。"

　　朋友的孩子叫波波，最近情绪出现了问题，通过分析孩子最近遇到的一些事情，我们找到了原因。

　　原来，波波的朋友过生日了，她邀请波波去她的生日会。过了几天，波波的朋友说妈妈不让她开生日会。于是，波波只好把送给朋友的礼物退回商店。结果，等波波把礼物退回商店后，朋友又告诉波波说可以举办生日会了。反反复复，波波的心情也变得很郁闷。

　　在孩子青春期的时候，大多数父母的想法是好好读书。然而父母只提供单维度的帮助，就是交学费；而孩子面临的青春期的问题、朋友之间的相处问题、早恋问题，都让孩子感到迷茫无措。于是，只好用叛逆的方式来表达自己的情绪。

　　以上就是孩子叛逆的三种原因。遇到叛逆的孩子，强力制止不是最好的方式，最好的方式是知道孩子内心的想法，然后对症下药。

孩子叛逆，家长怎么办

上一节讲了叛逆的原因，接下来就要讲具体的应对方法了，那些面对叛逆的孩子手足无措的父母一定要认真学习，具体方法如下：

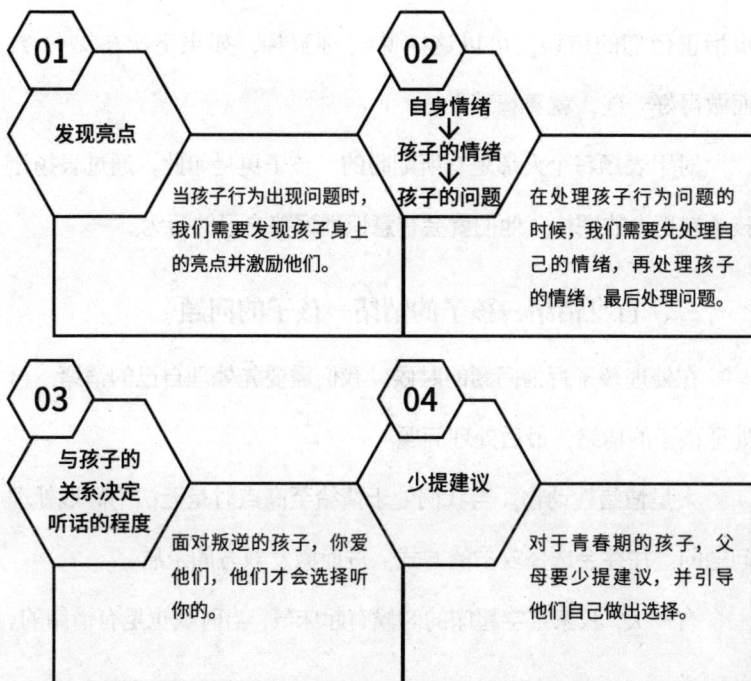

01 发现亮点

当孩子行为出现问题时，我们需要发现孩子身上的亮点并激励他们。

02 自身情绪→孩子的情绪→孩子的问题

在处理孩子行为问题的时候，我们需要先处理自己的情绪，再处理孩子的情绪，最后处理问题。

03 与孩子的关系决定听话的程度

面对叛逆的孩子，你爱他们，他们才会选择听你的。

04 少提建议

对于青春期的孩子，父母要少提建议，并引导他们自己做出选择。

一、发现亮点

当孩子行为出现问题时，我们需要发现孩子身上的亮点并激励他们。通常孩子都会软化，不再像之前那样僵硬，像个铁榔头似的油盐不进。

在教育孩子的过程中我们要少用"但是"。很多父母在表扬孩子的过程中会说"宝贝你真棒，但是，你这件事没做好"。

这是先扬后抑的错误做法，这种说法实际上是在强调孩子的错误，并不利于孩子的感受，从而也无法让孩子改正自身问题。

作为父母，我们需要针对孩子的优点多鼓励，如果想要进一步指正他们的错误，可以这样说："你真棒，如果下次在××方面做得好一些，就更棒了"。

对于表扬每个人都是有所期盼的，孩子更是如此。通过表扬让孩子有更大的期待，他们就会有意识地调整自己的行为。

二、自身情绪→孩子的情绪→孩子的问题

在处理孩子行为问题的时候，我们需要先处理自己的情绪，再处理孩子的情绪，最后处理问题。

人是情绪性动物，当我们处于情绪至高点时是无法平静地处理问题的，往往会选择攻击的方式，进而激发双方的矛盾。

有一天，我家宝宝起床的时候有起床气，当时我也是有情绪的。

我觉得孩子为什么一起床就对我发脾气，我又不是他的出气筒。后来我去煮饭了，冷静一段时间后，我抱住了宝宝说道："宝贝，你现在是不是觉得很烦躁？"当孩子处在情绪至高点时，如果父母能够准确说出孩子的情绪，他们的情绪就会缓解。

三、与孩子的关系决定听话的程度

面对叛逆的孩子，你爱他们，他们才会选择听你的。前阵子朋友小青的孩子沉迷游戏，不服父母管教，朋友没办法，只好辞职，全职在家带孩子。之后的每个星期，她都会带孩子出门玩，每天晚上都会与孩子聊天，一起睡觉。

后来，孩子的行为发生了很大转变，也愿意听从她的建议不再沉迷于游戏。有一天，朋友问孩子："为什么以前不愿意听妈妈的话，而现在却愿意听妈妈的意见？"孩子淡定地说："因为你关心我啊。你关心我，我就愿意听你的。"

这是人性的共同点，不止在育儿方面，在每个人身上都适用。你越关心他人，他人就越愿意接纳你的意见。

四、少提建议

对于青春期的孩子，父母要少提建议，并引导他们自己做出选择。大多数父母对待孩子的时候，经常强调"你应该"，"你本来应该这样做，但是你没有做到"。殊不知，对于青春期的孩子来说，建议就是批评。父母采取直接告知孩子的方式，孩子非但不会听你的，反而会故意出错。当他们出错的时候，他们就会对你说："你看，按你说的做，我做错了，你的建议也不怎么样！"于是，他们更不想按照你的想法做了。

父母直接对孩子提出建议的方式，无法提升孩子的认知，也无法让孩子为自己的事情负责。正确的方法是，为孩子提供选择。

朋友的孩子小彭已经 13 岁了，有一天他问妈妈："妈妈，班上有一个女同学说很喜欢我，我该怎么办？"妈妈说："很好啊，有人喜欢你，证明你很优秀啊！"小彭问道："妈妈，你当时为什么跟爸爸在一起？"妈妈回答说："因为妈妈喜欢爸爸，爸爸也喜欢妈妈。"

听完朋友的话，我摇摇头，并不认可这种说法。朋友很诧异，于是在她的注视下，我说道："你的意思是，只要喜欢，两个人就在一起喽？那如果小彭跟这个女孩子在一起，再给你带一个小小彭回来，你要怎么办？"

朋友听完后愣住了，她问道："那我要怎么回答他呢？"

我说："你可以为他提供选择，一种是如果跟那个女孩在一起会有怎样的结果，另一种是两个人作为好朋友，共同奋进，好好学习，会有怎样的结果。"

一般情况下，孩子想要早恋，如果父母为他们分析清楚早恋之后的结果，孩子就会很快打消早恋的念头。

当孩子处于叛逆阶段，说教并不是理想的方式，理想的方式是为孩子分析每一个选择背后需要承担的后果。类似"你应该"这种命令的口吻只会让孩子产生抵触情绪，甚至还会故意犯错。"你看，我按你说的做，我做错了吧！"孩子更有动力往坏的方向做，因为如果你一说他就做好了，会显得很没面子。

这件事你是怎么想的？

如果这么做的话会有什么后果？

你最喜欢哪种选择，还有没有更大的可能？

告诉孩子：不同目标，不同选择，不同结果。

父母为孩子提供选择能够增加孩子的认知，同时，能够让孩子为自己的人生负责，而不是父母一直追在孩子的屁股后面，为孩子的人生负责。一个是自控的人生，一个是被人掌控的人生，这对孩子有着本质的差异。

第六章

▲

培养好习惯，
为孩子的梦想扬帆

习惯形成行为，行为造就梦想

孩子的梦想之所以能够实现，关键还在于孩子的行为，脱离行为的梦想是没有任何实际意义的。那么，作为父母，如何让孩子的梦想落地呢？

其实方法很简单，那就是培养孩子的习惯。在孩子习惯培养的初期，他们最需要父母的陪伴。在前面的章节中，我讲过陪伴是一种"情感绑架"，说的就是孩子对父母有着天生的依赖感。因此，当父母陪伴孩子，当父母与孩子心灵相通时，当父母与孩子关系密切时，孩子才会愿意听从父母。这时，我们才有机会引导孩子，给孩子解惑，最终为孩子培养出利于他们人生的新习惯，让他们获益一生。

我们的大脑中每天都有一千亿个神经元细胞为做决策而做准备，我们每天都需要经历大量的决策，因此很容易消耗大量的能量。

我们每天睡醒后都会面临无数个决策，比如早上吃什么，穿什么衣服，选择怎样的出行方式……如果我们每天所有的能量都花费在思考这些问题上，也就没有精力做真正有意义的事情。

在大脑中靠近脑干的位置，有一个地方叫作基底核，它是存储人惯常动作的一个地方。人的惯常动作，比如刷牙洗脸、穿衣服、坐公交地铁……这些日常需要做的动作，大脑就会将它们存储在基底核里，以避免大脑为这些问题思考，从而将更多的精力放在更有意义的事情上。

习惯让我们将一些不必要的决策能量转移到新的决策上来，让我们的生活变得更加游刃有余，而这种习惯回路也能产生一种叫作内啡肽的物质。孩子之所以沉迷游戏、沉迷玩乐，正是因为他们从成瘾行为中寻找到成就感，当他们有成就感的时候，身体就会分泌一种叫多巴胺的物质，人就会变得愉悦起来。

孩子会从各种"瘾"中寻找快感、满足感，然而这只是一种低层次的满足。想要获得高层次的满足，就需要从习惯中获取内啡肽。培养孩子形成新的习惯，让他们从习惯中获得奖赏，最终习惯形成行为，行为造就梦想，梦想成为孩子自我实现的最高层次的满足。那么，孩子摆脱成瘾行为，就是自然而然的一件事了。

孩子习惯的养成，父母要花时间

表妹的孩子小心英语很好，当时，我还因为这件事专门请教了表妹，我问："表妹，你是怎么把孩子培养得这么优秀的？"表妹淡然地说："因为我花了很多时间在他身上，陪伴他、教育他，每天陪伴、每天教育就形成了现在的结果。"

表妹的话让我陷入了深思。是的，孩子拥有一个好技能，并不是无师自通的。在培养孩子习惯的过程中，在培养孩子优秀特质的过程中，这些都是需要父母花费时间的。

一个孩子之所以变得优秀，这背后是离不开父母的辛勤努力的。然而，有些情况是我们看到了别人家的孩子有多么优秀、多么完美，我们在羡慕的同时，却没有看到他们的父母有多么努力。我们想让自己的孩子也变得优秀，然而，我们却不想花太多的时间在孩子身上，这就是问题所在。

你不愿意花时间，孩子又怎么能开花结果？孩子又怎么变得优秀？

前段时间，小志的妈妈与我聊天的过程中，说小志非常不乖，总是很不听话，还总喜欢打其他小朋友。

等小志妈妈描述完后，我询问她平常有没有花时间陪伴小志。小志的妈妈叹了口气说："唉，我哪有时间呀！"

后来，在询问到小志妈妈的工作性质后，我发现原来小志妈妈是一个程序员。因为程序员的工作十分繁忙，因此，小志妈妈每天都需要加班到晚上 8 点多才能回家。而这还只是她最早下班回到家的时间，有时甚至更晚。

回到家后，小志妈妈大部分时间都用来照顾年幼的弟弟。对于小志，妈妈几乎没有花过任何的时间。在妈妈忙着照顾弟弟的时候，小志就被妈妈忽略了。小志基本上是由奶奶带的，奶奶太宠小志了，以至于当小志做错事情时，奶奶都不舍得说他。久而久之，小志就被奶奶宠溺得无法无天了，没有任何的边界，也不知道什么是对什么是错，于是，小志做起事情来更加肆无忌惮了。

在孩子小的时候，他们是通过大人的反应而规正自己的行为的。妈妈的缺位，导致小志无法准确地规正自己的行为，奶奶的宠溺又让小志更加肆无忌惮、无法无天。

妈妈的无法陪伴，导致了小志的肆无忌惮，小志的肆无忌惮让妈妈失望，久而久之，妈妈更不想陪伴小志了，于是小志陷入了一个负面行为的死循环。

小志处于这样的状态之下，我们又如何要求小治变很乖、变听话呢？没有父母的陪伴，孩子是很难改变的。

在培养孩子习惯的过程中，如果父母不愿意花时间在孩子身上，那么，一切都是无法实现的。

2019 年高考结束后，全国高考成绩的排名出来了，位列全国第一的是杨晨煜，他以高考裸分 730 分的成绩考入清华大学。当大家纷纷议论表示说很羡慕时，杨晨煜的妈妈分享了自己的育儿经。

她说："教育，就是培养孩子学习习惯的一个过程，孩子的学习习惯养成了，那么，结果自然而然就来了。教育并没有什么独特的，教育就是培养孩子的习惯，该做什么的时候，就让孩子去做什么；而这学习习惯需要从小培养，所有的习惯都必须要在孩子还没形成自主思考能力的时候打下基础。刚开始，监督孩子形成习惯的过程非常痛苦，但你得时时地看着，实时地监督着，时刻地留意着，父母也需要自律，不能只是一味地丢下孩子玩手机。当孩子习惯养成后，一切就顺其自然了。"

杨晨煜妈妈深知培养孩子学习习惯的重要性；在陪伴孩子习惯养成的过程中，她也付出了许多的努力。

当我们非常羡慕一个横空出世的状元时，我们是否想过，这个状元的诞生也是状元妈妈经过辛勤的陪伴，十年如一日地培养孩子形成好的学习习惯而得来的呢？

你的时间花在哪里，哪里就有成果。孩子是陪伴出来的，你愿意花时间陪伴孩子吗？你想要孩子形成一个良好的学习习惯、良好的生活习惯吗？那你愿意把时间花在培养孩子形成这些习惯上吗？你愿意，结果自然而然就呈现了；你不愿意，那么，一切就都不可能了。

小姨对妈妈说："我真的好羡慕你能把孩子培养得这么优秀。"我的弟弟、妹妹两个人学习都非常优秀，这是令很多亲戚朋友称羡的一件事。当时，有很多人都想向妈妈取经是怎么培养出这么优秀的孩子的。妈妈说："当孩子养成好习惯，我就不用多操心了。"

当你想让孩子变得优秀时，当你想让孩子拥有某种特质时，我们需要问问自己：我们愿意花时间陪伴孩子吗？我们愿意花时间陪伴孩子在他们习惯养成上吗？

如果你愿意，那么，请跟着照做吧。

如果不愿意，那么，就忍受现状吧。

"我们把时间花在哪儿，哪儿就会开出一朵花"，愿天下父母以此共勉。

列出梦想→触摸梦想→形成习惯

梦想是一个虚无缥缈的词，然而梦想也是激励一个人前进的最关键的词之一。当一个人没有梦想，那么他很容易过得漫无目的、混混沌沌。

萱萱妈妈因为女儿不认真读书而操碎了心，萱萱上课不认真听讲，回家不认真完成作业，萱萱妈妈对此很是心烦。后来，萱萱在音乐学院的表哥从学校放暑假回来了。萱萱妈妈只好求助表哥，希望从表哥身上获得一些方式与方法。在萱萱妈妈的请求下，表哥告诉萱萱妈妈说："最重要的是需要激发孩子的渴望。"

无论萱萱考上大学还是没有考上大学，都不是现在最关键的，最关键的是激发萱萱的渴望。在萱萱妈妈的惊诧中，表哥继续描述道："渴望是一个终点，而人现在所在的地方是起点，渴望是让人有勇气和力量从起点到终点的勇气与决心。"

这就是梦想与渴望对一个人的影响，有梦想与渴望的人，他们就像安装了一个激情的小马达。而梦想与渴望正是牵引他们往前走的一个动力、内驱力。有着梦想与渴望的孩子，根本不需要父母督促，他们的梦想与渴望会自动督促他们做他们该做的事，然后，让他们到达梦想的彼岸。

高中时期，小舅的学习成绩并不好，为此，妈妈操碎了心。后来暑假的时候，小姨带着小舅去了一趟厦门大学。在见识过厦门大学的繁华后，小舅开始发奋学习，成绩也是突飞猛进，最后以超出一本线 30 分的成绩考入了自己理想的大学。

这就是梦想的力量。一个拥有梦想的人，会创造奇迹，把不可能变成可能。而这奇迹背后的动力，就是梦想、渴望。小舅当时的成绩很差，但是在最后冲刺的时候，他下定决心一定要考上理想的大学，他告诉自己"只要学不死就往死里学"，于是在那段时间里，他的成绩突飞猛进。

梦想能够激发一个人做他们最不想做的事，我们真正能够督促一个人的言行就是让他们到达自己梦想的彼岸。

那么，作为父母，应该如何激发孩子的梦想呢？

一、让孩子列出梦想

在我列下自己写一本书的梦想时，我妈都在笑我。她说："你的作文水平比我还差，你还能写书呀？"然而，谁知道呢？如果你连想的勇气都没有，又怎么可能实现梦想？

很多人都认为梦想需要切合实际，能做到的才是梦想，然而实际情况并不是这样的。梦想，不是实力决定的。梦想，是暂时做不到，而渴望做到的，是心之所向，是你做梦都想要完成的一件事。

在 2019 年的时候，我因为一些机缘巧合列下了自己的梦想，我希望能够出版一本书，能够年入 50 万，而这件事是我目前正在实现的一件事。

当孩子迷茫彷徨、不知所措的时候，我们可以引导孩子列出他们的梦想，这是开启孩子生活新篇章的一个最重要的时刻。

你的第一个梦想是什么？

你的第二个梦想是什么？

你的第三个梦想是什么？

你想做什么？

你想去哪里？

你想生活变成什么样？

我们需要启发孩子的想象力，让他们畅快地想象自己想要的未来的生活是什么样的，自己想做什么，自己想去哪儿，不受任何时间限制，也不受任何现实限制。

二、触摸梦想

当孩子列下梦想后，我们需要引导孩子触摸他们的梦想。何为触摸梦想呢？其实，就像我的小姨带小舅去了一趟厦门大学一样，让小舅从各种感官上，包括听觉、嗅觉、视觉、触觉，从各种方面感受他的梦想。

当时我写下一系列的梦想后，导师的唯一举动是，让我列出自己最想要实现的梦想。后来，经过排序，我将写作的梦想列为了第一个。

当时，导师让我闭上眼睛，想象我实现梦想时的画面。我闭上眼睛想象着自己签售会上的画面，我心情非常愉悦地给我的读者签名。那种感觉真的是美妙极了。

梦想是理性的，当人们想要从现实中实现自己的梦想时，他们就会使自己充满深深的无力感。而这些正是他们无法实现梦想最重要、最无法突破的关卡。那么，实现梦想的关键是什么呢？

其实，实现梦想的关键就是触摸梦想，就是用感性的东西控制理性的东西。感性的东西激活渴望，驱动行为，你有多么渴望，就有多大动力实现它。

　　在孩子列下梦想后，我们可以帮助孩子想象他实现梦想之后的画面，想象他们内心的感受是怎样的。我们可以让他们想象一些实现梦想的细节，以及实现梦想时内心愉悦的心情。

　　这是梦想落地最重要的一环，也是用感性督促孩子实现梦想的最关键的一环。用感性激发理性，用感性控制理性，用渴望驱动孩子的行为，那么，孩子终将到达梦想的彼岸。

细化梦想，精准梦想

引导孩子列出梦想之后，如何帮助他们实现梦想呢？这就需要用行动细化梦想，精准梦想。

我们需要将孩子的梦想进行细化，每天需要做什么事情，细化到每一个具体的行为。梦想之所以能够实现，就是因为行动的力量，只有行动才能让梦想落地，否则任何梦想都仅仅是一种空想而已。

在我的书友会上，朋友清告诉我说："以前，我也有一个写作梦想。"当我询问他为什么不去实现梦想时，朋友说道："当时也想，但是没有做。"

这是许多人的常态。想，但是没有去做。而没有实践的梦想，都只是空想而已。在与很多人交往的过程中，我发现很多人都想要一些东西或者都想要达到他们梦寐以求的生活方式，然而他们只是想想而已，不愿为此付出努力。

在他们看来，梦想是一个名词，是一个遥远而触不可及的名词，然而在实践的过程中，我却发现其实梦想是一个动词，当你动起来的时候，梦想才有实现的可能性。

那么，我们如何让孩子的梦想落地呢？唯有鼓励他们行动起来。前几年，我的梦想是开一个读书会，我想通过读书会来锻炼自己，提升思维能力。在列下了这个目标之后，我就开始行动了。之后，每周三我都在坚持完成这件事，风雨无阻。每周，我都在寻找一个话题，备课，讲课。

在这段时间里，我的课讲得并不好，但是我依然坚持完成这件事，我每天都在练习这个行为。三年的时间过去了，现在，开读书会的行为也逐渐成了我的一个习惯、我的一个能力。现在，我能游刃有余地在许多人面前讲话而不脸红，游刃有余地表达我自己并顺畅与人交往，甚至可以将每个人的话题引到更深的思维点上，激发对方的感悟，而这正是我每天练习的结果。

这是精准梦想带来的结果，也是每天练习带来的结果。大约在两年前，我还列下了一个梦想，我想成为一个畅销书的作家，当时并没有人看好。后来，我报了一个写作班，想让自己的写作技巧更加精进，能够更加流畅地表达自己。在写作班里，有2000多名学生，我的写作能力并不突出。很多学员都实现了写作变现，而我经过9个多月的努力，仅仅得到3.97元的收入。

然而，我还是继续在完成这件事，我每天都拿出1小时进行写作。半年的时间过去，写作班能坚持下来的人剩下了 200 多人。一年的时间过去了，写作班还剩下几十号人。如今两年多的时间过去了，写作班只剩下我和导师两个人。

我每天坚持练习，写作已经成了我的一个习惯。现在，我想写出一篇文章也不像以前那么难了。最初，一个星期我只能写出一篇文章，如今一天就可以写一篇文章，而这都是每天练习的结果。

天才发明家爱迪生说："天才是 99% 的汗水加 1% 的天分。"很多人都认为有天赋才是做成一件事最重要的条件，是实现梦想最重要的一个途径，然而，他们却从来没有想过努力本身也是一种天赋。

每天坚持练习，是到达梦想彼岸的一个重要途径。作为父母，如何帮助孩子细化梦想，精准梦想呢？

一、确定孩子内心的渴望

当孩子立下梦想后，我们需要帮助他们进行确认，这真的是他想要的吗？真的是他们内心最渴望实现的吗？当孩子认定了一个梦想时，他们就不会三天打鱼，两天晒网，而是会督促自己，通过实际行动追逐梦想。

二、以终为始

为孩子描述梦想实现之后的景象，让他们感受到梦想实现带来的愉悦感，从而激发内心强烈的渴望。

人性是懒惰的，孩子因为缺乏自控力更是如此，这就需要父母适当引导，描述梦想实现之后的景象，以此激发孩子的渴望，并指导他们每一天要做些什么，从而一步步向着梦想前行。

三、行动指引

列出梦想是感性上的，需要孩子发挥想象力，每天完成与梦想相关的事情。这就需要父母的正确指引，帮助他们将行动计划细化到每一天。

为此，父母可以与孩子一起讨论，设计每一天的行动计划，这也是很不错的亲子互动形式。

固定的时间做固定的事

培养孩子的习惯，就是培养孩子在固定时间做他们该做的事。

堂妹小弯的生活习惯不固定，每天晚上磨蹭到 10 点、11 点，甚至是凌晨才睡觉，妈妈因此非常焦虑。小弯每晚总是不停地向妈妈提出要求，"我不想睡嘛，我要听故事"，"我不想睡嘛，给我唱一首歌"，小弯总有很多的理由选择不睡觉。

在孩子还未形成习惯的过程中，他们的世界是混沌的，他们不知道什么时间该做什么事，他们的生活方式也是缺乏秩序的。

在培养孩子习惯的过程中，我们需要将孩子的时间固定下来，我们需要为每一件事情安排固定的时间，让孩子做他们该做的事。将时间规则、时间观念灌输给孩子，慢慢地，孩子的世界就会从混沌变成规整，他们的生活也会变得井然有序起来。

在固定时间做该做的事，这是培养习惯的一个最重要的途径。

在培养动物的习惯时，著名的生物学家巴甫洛夫曾做过一个经典实验。他在固定的时间点，也就是每天狗狗吃饭前的这一段期间，都会敲响铃铛，然后给狗狗投喂食物。坚持一段时间后，只要巴甫洛夫一敲响铃铛，狗狗就认为要开始吃饭了。

这就是固定时间形成的习惯回路。固定时间做该做的事，那么时间一到，就会形成做这件事的固定行为。因此，我们也就不会为这些事耗费意志力，从而将意志力专注于学习、工作等更为重要的事情上。

在培养孩子习惯的过程中，我会在上午11点的时候设置一个闹钟。当闹钟响起的时候，就是孩子该吃饭的时间。在坚持了一段时间后，每当闹钟响起，孩子就会自觉地坐在餐桌上，等待吃饭。而这也是形成孩子习惯回路的一个方式，闹钟响起时，就是他们该吃饭的时候。

当孩子习惯形成意识，形成习惯的回路，那么让孩子做出一个行为，形成一个动作，就不需要父母的催促，也不需要耗费宝贵的意志力资源。只要时间一到，孩子就会自动自发地完成一系列的动作。

那么，如何培养孩子固定时间的行为习惯呢？

一、输入固定时间意识

在孩子形成习惯之前，他们是没有时间概念的，也是没有时间意识的，都需要父母进行正确的灌输。

固定时间意识，也分为时刻时间与流程时间。

时刻时间就是钟表上的时间，也是固定的时间。比如：现在是什么时间点，我们该做什么了？我们需要将固定时间与孩子要做的事情捆绑起来。那么，到了时间点，孩子就会去做他们该做的事情。比如：11点的闹钟一响，就是孩子吃饭的时间，孩子就会乖乖地坐在餐桌上等待开饭。

那么，什么是流程时间呢？

流程时间就是在某件事情之后固定做什么，它讲究的是事情的先后顺序。比如：在孩子睡前那个时间点，是孩子固定的看书时间，因此当孩子把脑袋枕在枕头上时，我们就可以把书拿出来开始讲故事。

流程时间讲究的是事情的先后顺序，在一件事情完成后做另外一件事情。当孩子形成时刻时间与流程时间观念时，孩子的行为习惯就会自然而然养成了。

二、做该做的事

宝妈丹说，在培养孩子行为习惯的过程中，最难的就是在固定的时间做该做的事情。因为生活习惯的问题，丹的生活中总有很多事情，因此总会被打乱，很难坚持执行最初想做的那些事。

在日常生活中，为孩子制订好的计划也总会被打乱。这时候我们该怎么做呢？

当固定时间被打乱时，我们需要帮助孩子调整行为，继续做该做的事，把培养孩子习惯的时间列在首位，其他事情都要围绕着孩子的习惯时间调整，这样才能把习惯时间固定下来。

即便有时候因为突发事件而打乱计划，父母绝不能泄气，允许出现一两次出错的机会。然而，当计划被打乱后，我们需要及时复原，回归正轨。

选好方向，刻意练习

水滴石穿的故事大家已经耳熟能详，水不是一两天就能把石头滴穿的，而是每天重复不断地滴水，最终才把石头滴穿的。

刻意练习，长期重复，从短期看没有多大的效果，然而对孩子长期行为的培养至关重要。

有一次，我们的书友会探讨主题是如何成为一个专家。后来，经过大家的共同探讨，得出的总结为：做那些少而精的事，不断重复地在一个地方深耕打磨，也就是拥有匠人精神，才能最后成为某一个领域的专家，获得成功。

专家之所以成功，这是他们每天都在一个领域深耕，打磨自己，做少而精的事。最后，在某一领域精准突破，超越一般人。

当我列下一个梦想，想要写作时，我每天都会花一个多小时的时间用来写作。如今，写作已经成了我的一个能力。

这就像作家马尔科姆·格拉德威尔在《异类》一书中提到的1

万小时定律，他说道："这世界上没有所谓的天才，人们眼中的天才，并非他们的天资比别人高一等，而是他们在某一个方面付出了持续不断的努力。"他说这也正是把天才与平凡人区分开来的一个最重要的标准。

说到 1 万小时定律，实际上就是指重复的力量、刻意练习的力量。不断重复就会有结果，也就是说你习惯把时间花在哪儿，哪儿就会产生结果。

见过农村抽水的机器吗？你需要持续不断地抽水。刚开始你是不可能打到水的，然而一下、两下、三下，只要你持续不断地做这个动作，在重复了一段时间后，即使你停止打水，水也会源源不断地被吸出，这就是重复的力量，也是固定动作带来的结果。

纽约大桥在建成的时候，面临着左右堵塞的问题，也就是说在上班时间的高峰期，过桥的人需要上班，于是道路变得十分拥挤，而在下班的高峰期出桥的道路又显得很拥挤。

政府在面临这样一个问题时束手无策。后来，有一个人提出使用拉链法则。在上班高峰期的时候，使用的是 6 道出 2 道回，而在下班高峰期的时候，使用的是 2 道出 6 道回。在上班时间，利用拉链法则把道路拉到一边，而在下班时间也是利用拉链法则把另一边道路开放起来。

　　纽约大桥建成时花了10亿美金，而这个人凭借提出的这个创意就得到了政府1亿美金的奖励。提出一个想法就获得了1亿美金，一个创意等同于建成一座大桥的1/10的价值，这就是专家的力量。

　　我想提出这个建议的人，肯定在工程这块修炼到了极致。否则，他是无法提出这么高的见解的。当一个人在一件事情上做到极致，那么，他就能获得最大的成效与最大的成本效益比。

　　如果你想让孩子在某一个领域有所成就，就要帮助孩子确定领域，细分目标，并刻意练习。当做一件事情成为孩子的习惯，成为他们的固定动作，那么，久而久之，孩子就会成为这一个领域的专家，而这个让他们刻意练习的动作，也就会成为他们的能力。

设置诱因，为培养孩子习惯加码

当一个人为了奖赏而做某件事情时，那么这个行为就变得很被动。不仅如此，奖赏也要越来越大，才能足够诱惑人，足够督促孩子行动，这就违背了做这件事情的初衷。就比如说，很多父母告诉孩子，只要你读好了书考好了，我就带你出去玩。因此，每次的奖赏都要越来越大，才能足够激发孩子奋斗的兴趣。

孩子是为了奖赏而做，而不是为了习惯而做、为了自己而做。而诱因就完全不一样了，诱因只需要很小，只需要在做惯常的行为之后植入诱因，那么，习惯的回路就能形成了。

在我写作思绪枯竭的时候，烦躁不想写的时候，我都会找一个咖啡厅坐下来给自己点上一杯咖啡，告诉自己：等我把写作完成，我就可以喝到一杯美味的咖啡了。

就这样我坚持了整整两个月的时间，在这难熬的时光里，每天都充斥着咖啡的香气。

习惯形成的回路

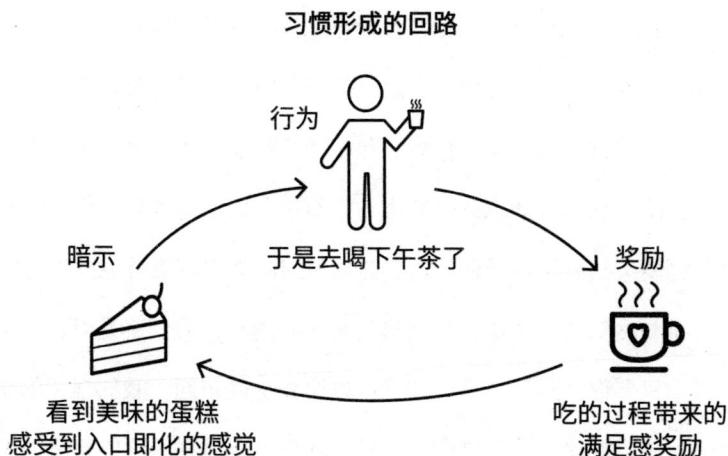

两个月后，每当我开始写作，内心的欣喜都是溢于言表的，因为我的大脑已经形成了写作等同于喝咖啡的回路，这就是诱因。

写作与喝咖啡是没有任何关联性的，而我把它们关联在了一起，久而久之，大脑就会认为写作就等同于诱因，就是喝到咖啡。因此，每当写作时，我的大脑都会处于一种兴奋、亢奋的状态。

这就像之前我们所说的，科学家每次在给狗狗吃饭前，都会猛摇铃铛，久而久之，狗狗就将吃饭与铃声这两件事关联在了一起。最后，每当科学家一摇晃铃铛，狗狗就认为要吃饭了，狗狗听到铃铛声就会变得很兴奋，这就是诱因的效果。

在培养孩子习惯的过程中，我们需要将想要培养孩子的行为习惯与诱因联系在一起。

诱因与奖赏的区别是，奖赏是某人为了达到某种目的而用某件事物激发某个人去做某件事。这是外界的刺激。如果父母靠奖赏的方式来刺激孩子做出某种行为，孩子很有可能是因为外界奖赏而做到某件事。那么，他也有可能因为没有奖赏而选择不做这件事。你能用物质奖励激励孩子到什么时候呢？因此奖赏效果是不持久的。

那诱因又是什么呢？诱因与奖赏不同的是，我们不是对孩子强调说，只要你做到这件事，你就可以得到这件东西。我们强调的是事情的先后顺序，做完这件事情后，我们可以做你喜欢的事情；做完这件事情后，我们可以吃一些好吃的东西。

诱因是不讲究条件的，就好比说当我们刷完牙就要吃饭一样，我们讲究的是事情的先后顺序。当事情与事情放在一起，事情与诱因放在一起，孩子自然而然就会将两者关联在一起，大脑就会形成一个自我暗示，这也是"欺骗"大脑的方式。久而久之，大脑就会形成事情就是奖赏的暗示，最终就会形成这样的一个习惯回路。

当我们想要让孩子把事情做完，也需要为他们设置诱因。比如：我的弟弟很喜欢吃豆花，妈妈每次带弟弟去上培训班的时候，都会在回来的路上给弟弟买一碗豆花。当弟弟将培训班与豆花关联在一起的时候，久而久之，上培训班就成了弟弟的一个奖赏。弟弟的大脑就形成一个思维回路暗示，上培训班就是奖赏的一种暗示。当弟弟把上培训班与吃豆花关联在一起时，他的惯常行为习惯就自然而然地养成了。

有了诱因，孩子的行为习惯就很容易养成了。因为，在习惯养成的过程中是需要一段时间的，在这段时间里，习惯养成是很困难的，你要从一个习惯到另一个习惯。刚开始，孩子都是很不适应的，然而当我们在孩子的习惯里加入诱因时，他们就会习以为常地完成自己的行为。久而久之，当孩子的生活因为习惯而真正发生改变时，这又成了一个最大的诱因，激励孩子更愿意做他们该做的事情。

积极自我暗示的力量

在培养习惯的过程中，有 21 天的习惯形成期，这个阶段需要孩子进行积极的自我暗示，指的是当孩子面对各种问题时、面对各种失败挫折时，能够有面对的勇气和力量。

某天，我们读书会的探讨主题是：失败，是一种选择。

在读书会上，朋友湘侃侃而谈自己在职场上的各种失败经历，她说每当她失败回到家时，妈妈的反应都是积极的。妈妈告诉她："没关系，失败是很正常的，我们可以再尝试一次。"妈妈的鼓励形成了湘的积极自我暗示，因此，每次失败时，湘都会越挫越勇，这就是积极暗示的力量。

而反观另一个朋友夕就完全不一样了，她说在自己很小的时候，每当她做错事情或者失败的时候，妈妈总会冷嘲热讽，执行的是批判式教育。因此，在夕的潜意识里，她就形成了消极的自我暗示，无论成功还是失败，她的自我价值感都很低，她认为自己没有价值，自己配不上，自己不行，这早已成了她惯常消极的思维回路。

这样的消极思维回路也影响了她的人际圈，每当别人说她长得很漂亮的时候，她总是觉得对方很虚伪，因为她觉得别人是不可能喜欢自己的，她觉得自己配不上，不值得别人喜欢。

每当遇到麻烦、遇到困境时，她总会告诉自己：我不行，我无法做到。于是她怯懦了，在追求成功的路上，她总是缺乏勇气。

这就是消极自我暗示带给一个人的影响，甚至，它有可能会摧毁一个人。

有一个工人被困在了冻库里，他非常恐惧，心里想着：完了，这回我真的活不成了，我肯定会被冻死的。第二天早上，当值班人员打开冻库的时候，果真发现了这个工人的尸体，而值班人员在检查冷气阀的时候，却发现冻库里的冷气根本没有打开。

这就是消极自我暗示的力量，它会摧毁一个人的意志力，让人产生精神上的恐惧，甚至夺走一个人的生命。

那么，消极自我暗示是从哪里来的呢？也是小时候受到父母的影响。在孩子还小的时候，他们还是一张白纸，父母积极的输入就会让孩子形成积极的自我暗示，而父母消极的输入就会让孩子形成消极的自我暗示。

一位教师曾经做过一个实验，他把学生分成蓝色眼睛与棕色眼睛的小群体，告诉学生说科学研究已经证实，在学习上，蓝眼睛的学生会比棕色眼睛的学生成绩更好。

　　一周的时间过去，当老师测试孩子的学习成绩时，发现棕色眼睛的孩子学习成绩明显下降，而蓝色眼睛学生的成绩明显上升。后来，老师告诉学生说自己说错了，应该是棕色眼睛的孩子比蓝色眼睛的孩子更聪明、学习力更强。

　　老师说完后一段时间内，蓝色眼睛的孩子学习成绩下降，而棕色眼睛的孩子学习成绩明显有了很大的提高。

　　这就是自我暗示的力量。老师的积极话语形成了一部分孩子积极的自我暗示，孩子在老师的话语下，成绩有了明显的提高。老师的话语也形成了一部分孩子的消极自我暗示，孩子在老师的话语下，成绩有了明显的退步。这就是消极自我暗示与积极自我暗示对孩子的影响。

　　当孩子失败时，当孩子受挫时，我们需要告诉孩子："为什么不再试一次呢？"我们需要鼓励孩子，让他们变得更加积极，而不是陷入对失败的恐惧之中。

　　父母的鼓励会形成积极的自我暗示，批评则会形成消极的自我暗示，而这个习惯回路将会控制孩子的一生，也会影响孩子一生的幸福。作为父母，应该如何改变孩子消极自我暗示的回路呢？

　　一个人之所以形成消极自我暗示回路，是因为在他们小的时候接受了消极思维的灌输，父母的诅咒成了孩子的枷锁，控制了孩子对每一件事情做出的反应。想要改变孩子消极的自我回路，父母需要付出格外的耐心，输入正向的引导。毕竟习惯已经养成，改变需要付出更多的艰辛。

不断为孩子输入积极正向的鼓励，帮助他们形成积极的自我暗示，抓住每一次机会多鼓励、多赞美，帮助他们成为一个高价值感、高自尊水平的人。

预留缓冲期，有助于孩子适应新习惯

在培养孩子习惯的过程中，我们需要为孩子预留出缓冲期，这也是父母经常忽视的关键一环。

前两天，我的导师在纸上用草书写了4个字——"道士下山"。当孩子学习一个新的事物时，就像道士下山的过程，孩子需要先下山，需要先放下原来的东西，才能逐渐适应新的事物，然后再上山，这就是一个过程。

就像一个人，如果他需要学习新的知识，那么他要先从自己以往认知的"山"上下来，然后才能爬上另一座"山"，先下山，后上山。

上山与下山是需要时间的，同样，培养孩子的习惯也是如此，因此需要一定的时间缓冲期。就像绘本《安的种子》里面说的那样，播种有时，生长有时，收获有时，任何事物也都有属于它的自然规律与时间。

同样，培养习惯也是这样一个过程：

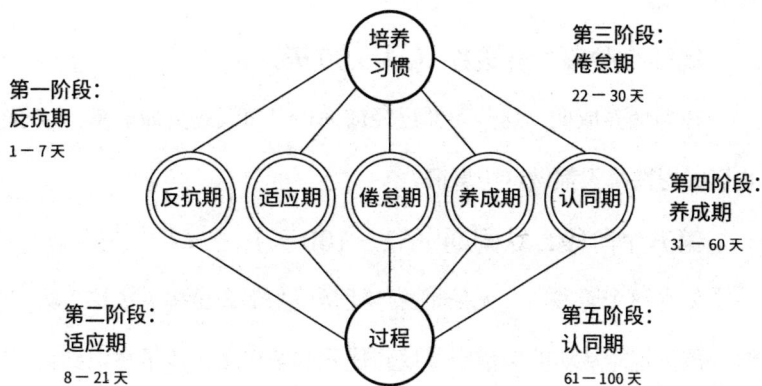

第一个阶段：反抗期（1—7天）

在这个阶段，无论身体还是心理，孩子都处于反抗的阶段。人因为安全感作祟，所以喜欢做自己习惯的事情，突然出现一个陌生、新鲜的事物，会本能地排斥。

第二个阶段：适应期（8—21天）

7天后，我们的身体与心灵开始逐渐接受这一新的习惯，就像刚开始学会骑自行车一样，身体摇摇晃晃的，还未平稳。

第三个阶段：倦怠期（22—30天）

在这个阶段，人开始逐渐失去做这件事情的新鲜度，开始产生烦躁情绪，开始提不起兴趣。这个阶段通常是许多人选择放弃的阶段，因为人都喜欢做自己喜欢的事情，而讨厌做自己不感兴趣或不喜欢的事情。这个阶段，也是决定一个人是否能够坚持下来的最重要的阶段。

第四个阶段：养成期（31—60天）

在习惯养成期，这些习惯已经成为孩子每天需要做的事，孩子也已经习惯每天都做这些事情。

第五个阶段：认同期（61—100天）

处在这个阶段时，无论是身体还是行为都完全接受了这个新习惯，孩子也能从新的习惯中寻找到快乐的多巴胺。孩子意识到自己擅长做这件事，因此也喜欢上了这件事。

在培养孩子新习惯的过程中，他们至少需要21天的时间，才能真正适应习惯。

最近，朋友的女儿小欣准备去上学了，在小欣上幼儿园的这段时间，她很不配合，因为她不习惯去学校。为了反抗妈妈，小欣在与老师拉扯的过程中，头撞到了墙上，鼓起了很大的一个包。后来，小欣的妈妈妥协了，不再逼着小欣去上学，而是给小欣一个慢慢适应的过程。

在培养孩子习惯的过程中，孩子有反抗期、适应期、倦怠期，这三个阶段是孩子习惯养成的最初级阶段，如果在这个过程中父母逼着孩子适应，那么只会适得其反，孩子就会讨厌你逼迫他完成的这件事，最后他就不想再做这件事了。因此，在培养孩子习惯的过程中，我们需要预留出缓冲期。做什么事情都需要一个过程，我们不能总是想着一蹴而就。

就像当我们想要从山脚到山顶时，上山的路从来不是从山底直达山顶的，而是绕着环山公路一点点地环绕上来的。环山公路就是缓冲带，它让我们一点点到达想到达的目的地。

父母要告诉孩子，培养习惯是需要时间的，不要急于求成，要忍受从不完美到完美的过程。父母可以通过励志故事的形式，向孩子灌输这样的意识。

例如，英国前首相丘吉尔从一个口吃的人变成了一个演讲家。在丘吉尔小的时候，他每一天都面对着大镜子，把单词的每个音节都一个一个地读出来，连成一个单词，最后再一个字一个字地纠正。一天、两天，一年、两年，丘吉尔日复一日地练习着，最终这个口吃的孩子成了英国最著名的首相。

在培养孩子习惯的过程中，请为孩子预留出缓冲期，让他们有时间适应新的习惯，有时间练习新的习惯。之后，当孩子熬过反抗期、适应期、倦怠期，孩子就会逐步适应新的习惯。最后，新习惯成为孩子的一个能力并运用自如。

降低期待，别给孩子过大压力

科学上有一种现象叫目的性颤抖，当我们在穿针的时候，当我们越想把线穿过针孔的时候，我们的手就会越情不自禁地颤抖，这是人的本能。就像作为父母的我们，越想尽快帮助孩子养成好习惯的时候，就越难达到我们想要的结果。

因为当我们越期待结果时，我们就会越刻意，就越会对孩子有所要求，最后反而是欲速则不达。习惯是什么呢？习惯是每天都重复做你该做的事，然后，顺其自然地等待结果。

很多父母在培养孩子习惯的过程中，希望孩子可以一蹴而就，然而这是不现实的。习惯需要一定的缓冲期，父母需要降低期待值，不要给孩子过大的压力。

前段时间，朋友欣告诉我说："我也在培养孩子的学习习惯，但是，孩子在学习的过程中总是不断犯错，真的是让人无法忍受。"在培养孩子习惯的过程中，你是否也无法忍受孩子的错误呢？你是否也希望孩子在短时间内培养出完美的习惯呢？

　　每当我有这种想法的时候，我都会想自己是否能够做到。如果自己做不到，凭什么要求孩子？任何事情都是从不完美到完美的过程，一个蹒跚学步的孩子，如果父母怕他摔跤整天抱着他，那么他这辈子都不可能学会走路。

　　在培养孩子的过程中，如果父母的期待值过高，那么这种期待就会成为孩子的枷锁，让他们无法向前。

　　朋友夕与朋友湘生活状态完全不同，而这样的生活状态正是由小时候父母的期待值造成的。

　　在朋友夕小的时候，每当她做错事情时，妈妈的第一反应就是：你怎么这么蠢？夕的父母对孩子抱以很高的期待，结果给孩子造成了巨大的心理压力，所以夕很恐惧犯错，因为她害怕一犯错就会受到父母的批评与嘲讽。

　　而另一个朋友湘就完全不一样了，在事业上遇到任何问题越挫越勇，无论事业失败多少次，她都能够重新振作起来，往前冲。这归根于小时候妈妈孜孜不倦的鼓励。每当湘失败的时候，妈妈都会说："没有关系，通向成功的路注定是要有失败的，再试一次。"妈妈的鼓励与低期待值成就了朋友湘的勇敢与独立。

　　看到这时，你可能会问，那是不是朋友湘的生活条件很好，而朋友夕的生活条件不好，所以，才造成了她们的这种状态呢？

其实，恰恰相反。朋友湘的生活条件并不好，目前正处于创业阶段，而且她欠的外债上百万。而朋友夕就完全不一样了，她有着高学历文凭，而且在市区内有好几套自己的房子，生活优越。两个人的生活状态与两个人的生活条件完全相反，生活条件好的那一个，反而是自卑的、无助的、痛苦的；而生活条件差的那一个，是勇敢的、坚强的、越挫越勇的，这就是父母的高期待值与父母低期待值造成的孩子的状态，所以孩子的状态与孩子的生活条件没有必然关系，而与父母的期待值有很大关系。

我曾经听过一个瓷器的故事。

一个人买了一个非常昂贵的瓷器，于是，他每天都抱着这个瓷器，生怕把它弄坏了。他每天不吃不喝一直抱着这个瓷器，终于有一天，他手软把瓷器给摔破了。这跟目的性颤抖有很大的联系，说的就是当一个人越在乎结果时，就越得不到想要的结果。父母高期待，要求孩子把事情做得完美，最后孩子就会像这个瓷器一样被摔破。

同事小易是一个完美型的孩子，也是一个典型处女座。在他择偶的过程中，他只想要找到一个完美的恋人，于是费尽心思进入各种婚姻中介所，与中介所介绍的每一个女生约会，然而如今他已经 38 岁了，依然没有找到一个完美的恋人。

　　这世界上本就不存在完美的人，孩子也是一样。

　　培养孩子的习惯是一个过程，这个过程需要我们放低自己的期待值，明白孩子成长并非一帆风顺，人生并不是完美的过程。

一次一个，培养超级专注力

在培养孩子习惯的过程中，我们需要遵循一次一个的原则。

随着社会的高速发展，很多父母处于普遍焦虑的状态，希望孩子可以迅速学会很多技能，养成很多好习惯。因此，每隔一段时间，父母就会为孩子报一个学习班，培养一个新的习惯。

这种状态像极了猴子刚下山时的状态，看到桃子就去摘桃子，看到西瓜就去摘西瓜……结果，摘了这个丢了那个，最后空手而归。

从前有一只贪婪的狗，总是到寺院里去找食物吃，在当地有两座寺院，一座在河的东边，一座在河的西边。一天，这只贪婪的狗听到东边寺院传来开饭的声音。于是，它便想到东边的寺院讨一些饭菜来吃。后来，它又听到西边的寺院传来开饭的声音，于是掉转方向往西边寺院跑去。

有一天，东边的寺院和西边的寺院同时传来开饭的声音，这只贪婪的狗快速地往西边游去，在它游到半路的时候，它又想着万一东边的饭菜比西边的好吃怎么办，于是掉头向东边游去。当它快游到东边时，又想：万一西边的饭菜比东边的好吃呢？最后，这只狗在纠结的抉择中被淹死了。

在培养孩子习惯的过程中，必须遵循"一次一个"的原则，专注做好一件事，而不要同时给孩子设定多个目标。

培养孩子的习惯，需要先培养孩子的专注力，让他们在一定的时间内只专注于某一件事情，只有这样，孩子才会把某一个习惯锻炼到极致。

那么，我们如何培养孩子的专注力呢？

90 天

抓大放小

聚焦于一件事

一、90 天培养新习惯

在培养孩子养成一个新习惯的时候，我们需要为孩子预留出 3 个月左右的时间。因为，孩子习惯的形成期是 21 天，而习惯真正养成的时间是 30—60 天，习惯形成的一个巩固期是 60—90 天。因此，我们需要用 90 天左右的时间培养出孩子的一个新习惯，等孩子新的习惯养成，那么我们就可以转而为孩子培养其他新的习惯了。

二、抓大放小

我们需要培养孩子的核心习惯，一旦养成核心习惯，其他习惯也就会顺其自然地跟着改变。

孩子的核心习惯就是最重要的习惯。在培养孩子习惯的过程中，父母需要为孩子的各种习惯进行一个排序，选出一个最重要的习惯，然后将更多的时间专注在这个习惯上。

三、利用有限的专注力聚焦于一件事

人的专注力是有限的，孩子更是如此。

哈佛大学曾经做过一个著名的实验，实验的名称叫作"看不见的大猩猩"。

在实验中，实验人员让三个人穿着黑色的衣服，而另外三个人穿着白色的衣服，这些人在不停地传球，他们让学生观察这些人传了几次球，大部分学生都能描述正确。

实验人员在学生专注于传球的时候，安排了一个大猩猩模样的人走到传球的中间，不停拍打胸脯，后来当实验人员询问学生时，有一半的学生表示自己并没有看到大猩猩。

专注力是稀缺资源，当学生将专注力集中在数传球的数量上时，自然就忘记了大猩猩的存在。因此，在培养孩子专注力的过程中，父母要引导孩子专注于一件事，不要分心。

建立习惯最重要的一步：激发渴求

这是建立习惯最重要的一步，也是最后一步——激发渴求。

激发孩子内驱力的关键，不是告诉孩子要怎么做，而是告诉孩子为什么要做。告诉孩子怎么做，只是给他们提供了一套解决问题的方案。当孩子还不知道为什么要做这件事情的时候，他们对事物本身没有任何的渴望，他们就失去了做这件事情的动力，那么再好的方案也没有用处。

那么，如何激发孩子的渴望呢？

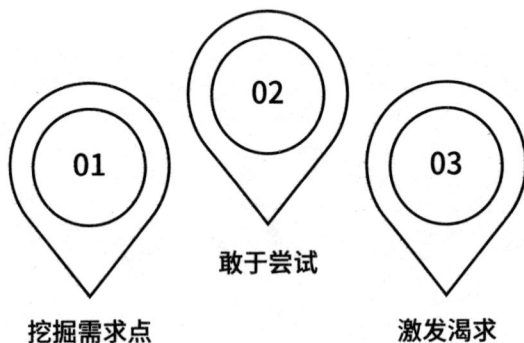

01 挖掘需求点

02 敢于尝试

03 激发渴求

一、挖掘需求点

戴尔·卡耐基说天底下只有一种方法可以影响他人，就是提出他人的需要并告诉他们如何去获得。

你了解孩子的需求点吗？这是撬动孩子自身驱动力的一个最关键的环节。想让孩子自动自发地完成一些事情，这一步至关重要。

前几天，朋友丹告诉我，她想要孩子完成的事情，孩子总是不愿意做。于是，她只能逼迫孩子去做。后来我问朋友："你要求孩子做的这件事情是你自己想要的，还是孩子想要的？"朋友说："是我自己想要的。"

我说："这就对了，你驱动孩子的需求点并不是孩子真正想要的，而是你自己想要的。"一旦孩子找到了自己真正想要的、渴望的东西，那么不需要督促就会自动自发地完成。

二、敢于尝试

想要找到孩子的需求点，首先你需要了解孩子，你需要花点时间在孩子身上，观察他们真正想要的是什么，既而挖掘出孩子的真正需求。

其次，挖掘孩子需求点也是一个不断尝试的过程。前几天，朋友的孩子小欣想要去上幼儿园住宿，于是朋友就给孩子买了一堆生活用品，给孩子交了住宿费。结果，孩子没住两天，就哭着喊着要回家，本以为朋友会拒绝孩子的要求。没想到，她却同意了。她说道："如果没放手让孩子尝试，孩子是永远不会知道自己真正想要的是什么的。"

在挖掘孩子需求点的过程中，我们不仅需要花时间陪伴，还需要放手让孩子尝试。

三、激发渴求

一个人的习惯根源于某一种奖励机制，比如当人不开心时会选择大吃一顿，用吃喝的方式感受到一种快感、一种奖励。而有些人不开心时，他们会选择用慢跑的方式让身体产生内啡肽，然后让自己开心起来，这也是一种奖励方式。

在习惯形成阶段，如果孩子感受到压力，那么他们所形成的一些固有习惯、固有行为，就会因为压力而溃不成军，最后又会回复至旧有的习惯回路。

《习惯的力量》一书中写道：习惯是由三部分组成，第一部分是暗示；第二部分是惯常行为；第三部分是奖赏。在培养孩子习惯的过程中，父母要明白习惯这三个部分是如何协调运作的。

比如：当成年人压力大时（暗示），就会想抽烟（惯常行为），抽完烟后会有一种飘飘欲仙的舒缓的感觉（奖励），于是当人压力一大时，这一个习惯回路就会被触发，人就会不自觉地拿出烟想抽，重复拿烟的这个习惯动作。

再比如：当工作的人结束一天的工作，到下午 4 点的时候，人就会不自觉地开始吃点心。当人一放松时 (暗示)，人就会想要吃零食 (惯常行为)，吃完零食后人就会有一种很愉悦的感觉 (奖励)。于是当人一放松时，吃零食的习惯回路就会被触发，人就会不自觉地想拿出零食重复吃的这个习惯动作。

"渴望驱动习惯，当人的渴求被激发，习惯就容易被替换改写。"如果想用新的习惯替换孩子旧的习惯，就需要点燃孩子的渴望，这是戒掉旧习惯形成新习惯的一个最重要的关键点。

一个人之所以能够控制自己的行为，做出自己无法做到的或者不习惯的那些事情，就是因为对完成事情的渴望超出其他事情的渴望。就比如说：当我们在做一件事情的时候，一个电话进来，我们很想接起这个电话，然而我们对完成事情的渴求超出了我们想接起电话的渴求，这种渴求也是我们控制自己做该做的事情的最重要的一个关键点。

那么，我们如何激发孩子的渴求呢？我们如何用新习惯替换孩子的旧习惯呢？介绍一种渴求替代法。

在成年人压力大的时候，可能会选择一份下午茶或者拿起香烟，而孩子也有他们困扰已久的问题，当问题发生时，他们也有自己的习惯，比如放学回家第一件事就是看电视。

打开电视这个惯常行为能够让孩子获得短暂的快乐，然而并没有任何益处。这时，父母就需要利用一个新的习惯取代这个旧有的习惯。

第1天：当孩子一回到家时，让孩子先养成打开书包的习惯。

第2天：如果孩子回家还是惯性拿遥控器打开电视机，我们就可以引导孩子先拿出自己的笔盒。

第3天：夸奖孩子完成作业的情况，让孩子打开书包拿出作业给你看。

第4—5天：我们要不断地寻找机会让孩子坚持这个动作，直至孩子一回家就拿出作业成为他们的惯常行为。慢慢地，拿出作业（暗示），及时完成作业（动作），被妈妈表扬（奖励），自我肯定（奖励），形成了一个新的习惯回路。

当孩子被表扬的渴求、完成任务的渴求超出了看电视的渴求，孩子就能克制住自己而去做他们该做的事情。